Three Essays on the Theory of Sexuality and Love Psychology

性学三论与爱情心理学

[奥] 西格蒙德・弗洛伊德 著
李伟霞 译

武汉出版社
WUHAN PUBLISHING HOUSE

(鄂)新登字 08 号

图书在版编目 (CIP) 数据

性学三论与爱情心理学 / (奥)弗洛伊德著; 李伟霞译. —武汉: 武汉出版社, 2013.10

ISBN 978-7-5430-7765-2

Ⅰ. ①性… Ⅱ. ①弗… ②李… Ⅲ. ①性学 ②恋爱心理学 Ⅳ. ① C913.1

中国版本图书馆 CIP 数据核字(2013)第 232956 号

书名: 性学三论与爱情心理学

著　　者: [奥]弗洛伊德 著　李伟霞 译

本书策划: 李异鸣　杨　肖

责任编辑: 张葆珺

特约编辑: 王亚斌　刘　璇

封面设计: 吕彦秋

出　　版: 武汉出版社

社　　址: 武汉市江汉区新华路 490 号　　邮　　编: 430015

电　　话: (027)85606403　85600625

http: //www. whcbs. com　　E-mail: zbs@whcbs. com

印　　刷: 北京市文林印务有限公司　　经　　销: 新华书店

开　　本: 787mm × 1092mm　　1/16

印　　张: 15　　字　　数: 211 千字

版　　次: 2013 年 12 月第 1 版　2013 年 12 月第 1 次印刷

定　　价: 29.80 元

版权所有 · 侵权必究

如有质量问题,由承印厂负责调换。

CONTENTS 目录

CONTENTS 目录

第二版序

在我内心深处，我认为这本书里面有很多地方还不是很清楚，或者一些见解未见妥当，而最近5年内的研究新成果可能弥补这样或那样的缺憾，并且那样做很讨巧，对我来说也非常具有诱惑力，但有一点，那必将有损这本书的系统性和历史价值，所以我并不真正打算把我新近5年内的研究成果补充进去。此次重新出版，我只将原著稍加修饰，增添了几个注解，仅此而已。因为对一本著作再版，其最终意图是为了让大家更加关注和接受其中的新鲜论断和见解，出版更好更新的作品取代存在不完美和不足的旧有著作，而事实上，我更希望此书作为一本像文物一样的东西与读者见面，就是这样的。

弗洛伊德

Sigmund Freud

第三版序

本书出版发行十多年来所产生的影响及读者们的接受理解水平，是我一直以来都很关注的事情。眼看第三版发行在即，我想趁此机会声明几点，目的在于消除一些读者的误解，或消除读者某些不可能满足的期待，以免影响阅读的接受心理。

第一点要说的是，书中所提到的论断百分之百是来源于我日常的医学观察，其中一部分以精神分析原理推导出的论断从科学角度来说是具有一定的理论水平和重要性的。毫无疑问，这本书不是一部“全面的性学理论”专著，性生活中的很多重要问题本书并没有涉及探讨，而读者作为受众，不要因为一些问题没有涉及，在此中找不到答案，就误认为作者对这些问题毫无概念，或认为作者觉得这些问题不重要而不去涉及。因为，本书只是以精神分析法为指导建立起的一个理论框架，所以，《性学三论》中不可能再包含其他无关的问题。

本书自始至终都是在精神分析法观察的基础之上选择材料和组织内容的。由此，在全书中，各种因素的顺序根据其重要性的不同来安排。在书中，它将先天性因素作为背景来看待，而给予了偶然因素较多的关注；同理，它对种族进化因素也只作为个体发展因素的背景来考量，而更加关注个体。因为，在心理分析当中，分析的主要是人的内在心理动力，偶然因素往往担负着关键性的作用，而先天性的体质条件必须经过激发之后才会有反应，所以它没有那么重要，并且，精神分析学所探讨的范围并不包括对体质因素进行的研究与分析。

与之相类似，个体发展史和种族进化史也有着相近的联系。种族进化的过程其实是一个个个体发展的累积和叠加，而它又不会只受一个个体经历的影响，某个个体的发展是种族进化过程的浓缩与独特呈现。总之，自古至今的经验的累积和个体新近经验的充实构成了种族进化的趋势，后者也就是多种偶然因素的综合。

本书完全以精神分析的研究结果为基础，同时尽可能地绕开各种生物学的发现和理论，这是本书和其他同类书相区别的地方。因为我只想通过精神分析的途径来研究人类的性功能，意图也只是单纯地想理清在关于人类性生活的生物学研究中，心理学到底能起到什么样的作用，所以，在这过程当中，我总是极力避免触碰到一般的性生物学或者某些动物研究的观点。另外，需要说明的一点是，我在研究过程中，其实已经发现了二者有一定的关系，并且呈现出了一致性。同时，我对自己通过精神分析推导出来的理论和论断相当有自信，即使它与生物学存在分歧时，我也不会收回那些观点。在这 版中，尽管我增加了不少新东西，但我没有像以前那样特地标注出新加内容。因为，添加新材料是为了与现在的精神分析研究保持同步或者说探讨前沿，而不是强调区别，当然，本学科目前的研究进展还不是那么突飞猛进，研究进程仍然任重而道远。

弗洛伊德

Sigmund Freud

第四版序

令人欣慰的现象是，战火的硝烟刚刚弥散殆尽，全球各地对精神分析的研究仍然生机勃勃，兴趣有增无减。可人们对这个理论各部分的认识还有失公允。现在，越来越多的人，甚至连与我们观点相悖的人也开始关注和研究潜意识、压抑作用、导致病理的冲突、病态的影响、病症发生的机制等问题，这些都是精神分析学中的纯粹心理学的课题和研究现象。与之相反的是，本书中所含的关于这一理论涉及与生物学相交叉的部分，人们依然持反对态度，甚至日益强烈。极端表现为，那些原来的研究者曾经认为是其他的限制性因素对正常人和病人的心理活动起到作用，肯定精神分析学中的性因素，并对之十分热衷，抱有无限热情，可现在却放弃了此种观点，转而寻求其他途径。

寻求真理是进行心理分析研究的使命，所以，尽管如此，我并不认为精神分析的这一部分相较于其他部分就不切实际，是无凭无据的。通过我的积累和不断对研究内容的检查，我更加确信，这部分的理论和其他理论一样，是基于我小心翼翼和客观公允的观察基础之上的，因此，它们具有可靠坚实的事实基础。

人们之所以对我精神分析理论中的不同部分区别对待，或偏重这一点，或看轻那一点，或接受一部分，或反对另一部分，其中的原因是显而易见的，因为，要认识和追溯人类性生活的源头，研究者必须有专业的技术，同时需要高度的耐心去分析病人童年早期的生活，这与医学实践的迅速显效的要求是背道而驰的，唯有进行精神分析法的医生才有可能去了解这些知识，努力不让自己的偏见与主观好恶影响个人判断。假使人们早就知道并且有意识地直接观察儿童期，那么，这三篇申论也就无须在这里赘言了。

书中关于“性欲是人类取得一切成功的源泉，和性概念的扩张”部分，是造成精神分析学一开始就遭到了强烈反对的主要原因，对此，我们应该给予关注。因为，他们主要批评精神分析学的“泛性论”，甚至彻头彻尾地反驳它以性来解释一切问题，这都是喜欢喊口号、打旗帜的人所惯用的攻击方法。可是，我们对此不应该有任何惊奇和不解，因为，早在很多年之前我们就知道，情感因素可以混淆既有的事实，可以让人忘记一些东西。例如，哲学家叔本华早年就非常明确地指出了，人类活动总是要受到性冲动的影响。我认为，这在当时振聋发聩的论断至今也不至于销声匿迹、毫无说服力吧。

另外，关于性概念内涵、外延的扩展分歧，即在分析儿童及发生所称谓的性颠倒结果的不同意见，我想请大家想一想，精神分析学在对“性冲动”概念扩展之后，将之和伟大的哲学家柏拉图所称的“爱欲”相比，那么任何一个自以为是、轻视精神分析的人都会发现，二者的意义已经具有更多的一致性了。

弗洛伊德

Sigmund Freud

写给福斯特的公开信
——论儿童的性启蒙

[M.FURST是《医学与公共卫生》杂志的编辑，1903年，文章发表在该杂志第二期上。本文根据《弗洛伊德选集》（伦敦，弗拉德福出版社1946年第三版）第二卷翻译。]

亲爱的福斯特先生：

当您邀请我发表一下自己对儿童性启蒙问题的观点时，我相信您不希望看到我像现在有些人的学术论文那样，综合杂糅几篇相关论文，自己想当然地凭空捏造出一个观点来吧？我觉得您更希望得到一个专业医生通过临床实践并长期专门研究后，表述他自己的看法。我能感觉到，您十分关心我学术研究的每一个成果和进步，您不会像我周围的很多同事那样，因为我认为性生活中的某些纠结、“心理—性”是导致普遍性心理变态的重要因素，就以偏概全，全部否定而拒绝听取我的意见的。在《性学三论》中，我详细阐述了性本能的构成因素和性本能在完成性功能过程中遇到的种种干扰，我非常高兴地看到，今日贵刊对我的著作不惜溢美之词，给予了我极大的肯定与鼓励。

接下来，我想要解释这样几个问题。第一，能否让孩子了解一些关于性的实际情况，获取一些必要的关于性的基本常识？假如这种做法是可取的，那么，第二，我们应该在孩子多大的时候传授这种知识比较好？第三，我们应该以什么样的方式，通过什么样的途径来跟孩子做这方面信息的沟通？在回答这三个问题之前，我想表达一下我个人的想法。我认为，得到后面两个问题的答案是十分需要和迫切的，可是，令我非常惊异的是，为什么第一个问题会非议众多，引起轩然大波？我在想，当今的我们为什么要对孩子们遮遮掩掩、避而不谈人类性生活的知识？这究竟有什么必要？难道是恐惧孩子们生理尚未成熟，一旦对这类问题产生极大兴趣就产生副作用？还是想利用隐瞒一件事情的真实面目——这原本是社会文明本来就允许的唯一的发泄方式，从而去阻碍孩子们性本能的发展，然后直到他们长大之后，自己慢慢发现这个事实？抑或我们大人认为，假使没有外界的影响和刺激，孩子自己永远不会主动去咨询、疑惑、探索和了解性生活的真实情况，给他们保留这像谜一样的事情？难道我们真的想让孩子们认为，只要是与性有关的都是低俗下流、难以启齿的东西？因此，家庭里的长辈和学校里的教育者都尽可能避免让孩子们接触到这些事情？我实在无法弄清，以上我的种种猜测，到底哪种是我们大人长期以来一直向孩子们讳言性生活实质的根本原因。我所能确认的是，上面的种种借口全部都是经不住推敲的，都是落后愚蠢的，我甚至我想说，假如我一本正经地逐一反驳它们，无疑是太看重它们了，那完全不值得我这样去做。

我曾经对莫尔塔都利（Multatuli）的一封信印象深刻，他是伟大的思想家和人类的探索者。其信中有过几句话，我认为是非常切合适宜用来回答上述问题的，他在信中这样阐述：

“我认为，一些事情真是太莫名其妙了。孩子的世界是纯洁无瑕的，要使他们保持这种纯洁的幻想是非常好的，可是纯洁和无知并不能画上等号。相反的是，例如，恋爱中，男孩对女孩隐瞒一件事情，这不会让两个人更加信任，反而会引起更多的猜忌和怀疑，因为好奇心会让我们更迫切地去了解一件事情的真相。可是，如果这件事广而告之，大家都知道，并且素若平常地交流，它就不能再引起人们想一探究竟的好奇与热情。大人想让孩子们对这件事一直处在无知当中，不闻不问，也许一些孩子会这样，但不可能永远是这样的。因为，孩子们之间总要交流沟通，读书也会触及这些，他们看到听到之后会下意识地去思考。家里长辈对这件事情的讳莫如深和不可触碰的态度，只能导致孩子们更迫切地去寻找答案。如果孩子自己通过非常隐秘的手段了解了事情的一小部分，他的兴奋将远远超过社会普及这种知识的兴奋度。由此，孩子世界中纯洁的幻想就会破灭。因为他的脑海里已经有了这种卑鄙可耻的事情了。如果真是这样的话，父母都还认为孩子们活在纯洁的童话世界里，不知道什么是罪过，可是孩子们已经外表纯洁、内心有罪了，这会是一个多么具有讽刺性的结果。”

关于是否可以让孩子们了解一些这方面知识的问题，我认为这段话分析得非常精辟。其实，我们还可以更细致地将之说透，关于性，大人也许因为心有所愧或者做贼心虚，所以总是对孩子们保持着一种讳莫如深的态度，认为这件事情神秘得不可触碰；可是，也有可能是由于别的原因，首先大人自己就对这件事情认识不正确，也需要及时更新知识和观念，改变态度。

大多数人认为，孩子们只有随着年龄渐渐长大，生殖器官逐渐发展成熟之后，才会有性的需求，而在他们幼年生理没有发育完全的情况下是没有性欲望的。其实，这种认识不论从理论上还是临床实践上都是极其错误的。要纠正这个错误，我们可以通过观察和实验轻而易举地证明，人们如果真正了解到了这一问题的真相，那么就会深刻地意识到之前认识的错误。实际上，婴儿是带着性欲望来到这个世界上的，甚至在儿童早期就会出现，随一些性的感受和乳房发育而产生。我们可以这么说，绝大多数孩子在青春期之前，就有过某些种类的性行为和性经验。对此，我在《性学三论》中作了详尽论述，书中的具体内容，我在之前提过。通过阅读这本书，读者可以得到一个新的认识，即人的本性决定了，即使是在幼儿期，人也会对生殖器进行外界的刺激，同时，人的生殖器并不是人体中唯一能给我们带来快感的器官。在人生的不同阶段，对各个不同的性感区进行刺激，都会带给人不同程度的性感和快乐。一些动物性的动作，如果有某些情感状态相伴随的兴奋，也可以产生性感的快乐。我对艾里斯曾经用“自我享受期”这样一个名词来形容这一时期的状态是非常赞同的。所谓的青春期，只是一个发育过程的时间段。

在这期间，性感快乐主要来源于生殖器所产生的快感，它在所有性快感区域中处于上峰，由此强迫性行为服务于生育。这种性交行为在这时是受到抑制的，等到后来一些人变为性变态和患有神经症的患者，他们就只能不完全地进行这种行为了。其实，孩子们在青春期之前，就已经呈现出例如体贴、关心、嫉妒等有关爱情的大部分心理特征了，这些心理反应是和生理的性兴奋同步的，所以，关于性和爱情二者之间的关系，孩子们对其认识是非常确定的。简单说就是，孩子们的爱情早在青春期到来之前就成熟了，只是在青春期时他们的生育能力还没有成熟，后者要晚于前者罢了。由此可以确定的是，对性认识的神秘状态只能延缓他们理智上对这一行为的认识，可是，他们身心对这方面的感受是不会因为大人的延迟教育就停滞不前的。

其实，孩子们可能比我们大人想当然地认为应该了解这件事的时间要早很多，他们可能在我们大人认为还不应该的时候就已经开始从理智上想了解神秘的性生活了，并希望尽可能多地知道这方面的知识。我下面将要讲一个故事，一些没有遇到过这种情形的父母可能会懊悔，他们本应该更早地发现自己孩子在这方面的兴趣；或者他们如果没听过这个故事，当他们发现孩子有这种情形而不得不采取手段时，他们会错误地不择手段去压制孩子的兴趣，扼杀孩子的疑惑，这是非常不明智的。

我认识一个名叫赫尔伯特的小男孩，他现在十岁了，非常聪明可爱。他有非常开明和懂教育的父母，他父母从来不希望强迫或压制孩子的发展。有一段时间，赫尔伯特突然对自己身体的生殖器非常感兴趣，还取名为“小鸡”，他并未从周围的帮佣那里受到过任何的刺激或影响，对身体的认识完全是自然而然的。当他年仅三岁时，就问他妈妈：“妈妈，我有小鸡，那你也有吗？”他妈妈和蔼地回答：“是的啊，可是那又如何呢？”后来，赫尔伯特还不断问他父亲同样的问题。大概相隔不是特别久，他去一个牧场，他惊奇地发现工人们在给母牛挤奶，这是他第一次看到这种情形，他非常兴奋而且惊诧地说：“大家快看，小鸡嘴里流出了牛奶！”他说这句话时的口吻只是惊讶而没有别的含义。一个孩子在三岁到三岁九个月的时候，可以通过自己的观察而对事物进行分类判断，例如，他看到机车运水的过程时也惊异地说："快看呀，水车也会撒尿，"他有点失望的是，"水车怎么没有小鸡就能撒尿呢？"他自己郑重其事地思考片刻之后总结："狗狗、小马都有小鸡，桌子、椅子都没有小鸡。"近日，他某天看到父母给刚出生一周的小妹妹洗澡，他观察一番后发表定论："妹妹的小鸡还小，等她长大之后小鸡就会长大了。"这之间，我也听到过与小赫尔伯特年龄相仿的小男孩对此问题的基本相同的认识。这里，需要特别说明一下，小赫尔伯特并非大人们所说的好色，甚至连思想不健康都不能算。我认为，由于他没有受到罪过感的灌输和压制，他还没有产生害怕心理，因此，无论他看到什么都会真实地表达出来，即使是关于性的问题和认识，他也毫不忌讳地说出自己的感受。

我认为，凡是年龄稍微大一些的孩子都曾经探索并困惑于这样一个问题："孩子是从哪里来的？"这也是一个经常萦绕在尚未成年的孩子脑海的一个最重要的问题。这经常发生在他的小弟弟或者小妹妹出生以后。因为他受到了冷落，他非常不喜欢这个突然出现的小孩。一些对古老传说或者神话感兴趣的人，往往从斯芬克斯对俄狄浦斯提出的谜语中认识到这个问题，可幼儿园的老师们给孩子们的解释，经常会伤害孩子那种纯真无邪的探索精神，同时也让孩子们开始对父母产生怀疑，从此不再相信大人，于是，孩子们对成年人的信任感由此被打破。他们开始把关于性的问题放到心里，即使非常感兴趣也不再向成人咨询。这种好奇心会对孩子，尤其是年龄稍大的孩子产生什么样的痛苦折磨，我们可以从下面这封信中略知一二，这信是由一个十一岁零六个月的小姑娘写的。她和她的小妹妹同样对这个问题非常疑惑，万不得已，她写信给她的姨妈来求解：

"亲爱的玛尔姨妈，我写信是想咨询您一个问题，您的克丽丝和鲍尔是从哪里来的？我希望您能写信告诉我。您已经结婚是大人了，您肯定知道问题的答案，昨天，我们一直在讨论这个问题，可是没有结论，我们想知道事情的究竟。我们不知道该问谁，您什么时候有空儿再来萨尔斯堡？特露黛猜想小孩是被大鹳鸟用一件衬衣卷着叼来的，我和妹妹都无法想象鹳鸟能把小孩给叼来。我们还想知道，我们从未在池塘里看见过小孩，那鹳鸟怎么能从池塘把小孩叼上来？我们还想知道，在您有您的孩子之前，您是如何知道这些的？我们非常想知道。恳请您把这些告诉我们。一千次地吻您。

您好奇的外甥女：莉莉”

我相信，虽然这是一封非常诚恳的信，但她们姊妹两个并不会得到她们想要的答案，事实如我所料，一段时间之后，写这封信的小作者得了神经症，原因是由于这种无法回答的问题导致的无意识，产生了迷狂性的焦虑。

我觉得，我们没有任何冠冕堂皇的理由来搪塞，甚至回绝孩子们渴望知道答案的疑惑。我甚至可以这样说，对孩子们在关于性的问题上进行欺骗，或者通过宗教手段实施恐吓，这是最有效扼杀孩子们独立思考问题能力的方法，教育者们由此可以达到他们社会公认的“良好行为”风尚的教育目的，可这种方法我实在不敢恭维。确实，那些有着坚强性格的人是能担负这种影响的，但他们将会背叛父母，对抗长辈的权威，从而会反抗一切权威。如果孩子们不能从父母长辈那里寻找到问题的答案，那么他们将背地里私底下不断思考和探索这个问题，或者寻找求解的途径。他们在私下相互传播关于这个问题的种种说法，毫无疑问，他们寻找到的结果必定掺杂着对实际的揣测和凭空想象的荒诞不经的幻想。因为孩子们自己探索的这种犯罪心理，极易导致他们把所有与性有关系的东西或事情都看成是恐怖的或者下流的。将这些孩子关于性的见解收集和验证是必要的，在有过这种经验之后，孩子们就会失去对性问题的正确认识，从而导致在今后将很难形成正确的态度，大多数人都是如此。

由此说来，不论男女，绝大多数学者是赞同对孩子进行性启蒙教育的。但是，如何对孩子解释关于性的问题，应该采取何种途径，采取何种方法，在此问题上，他们的种种见解又很不得体或者不合适。因为他们认为，不值得在这件事情上冒这么大的风险，所以，最后不了了之。我读过一些文章，对某篇印象还比较深刻，我认为艾克斯坦写给他十岁儿子的信（F.E.Extan《关于儿童的性教育问题》，1904年）是比较典型的。通过这封信，我们能看到一种传统的习惯性教育方法：开始是避免让儿童接触关于性方面的东西，采取缓兵之计，一直拖延，最后在万不得已非得接触的时机——这已经非常晚了——也要通过偶然的方法，含糊不清地、郑重其事地、故弄玄虚地大概讲述一番，且只讲一半，那种神秘的口气反而让孩子更加觉得不可触碰。大人们总是觉得："我怎么能对孩子说这种事情？"并以此为借口，纵容所有的父母都不去做这件事，认为要求父母对孩子们讲这些事有点苛刻了。

而我认为，这件事情的重点并不是在这里，而是大人们从一开始就不应该给孩子们造成一种玄虚和神秘的印象，好像只要是关于性的事情，就比其他一些不适合他们知道的事情更隐秘。要想纠正这一印象，首先从开始就需要坦然面对，让孩子们对这个问题的认识和理解像知道其他常识一样正常和坦白。同时，学校的教育也应该从容并且开明地进行，不要有意避开和干涉，可以在讲动物世界的自然科学时，强调和重视讲解动物界的生殖、繁育历程，并说明，人作为高级动物，和其他动物在机体方面并没有本质上的差别，基本是一致的。经过这种教育，再加上家庭也对这个问题不是压抑，而是开明处理的话，那么我们会见到下面这种非常可喜的场面。在一个幼儿园中，一个小男孩对他妹妹说："你说的孩子是由鹳鸟叼来的说法是不正确的，因为人也是哺乳动物，一只鸟作为卵生动物是不可能生出其他哺乳动物的孩子来的。"这样的话，孩子们的好奇心就不会受到压抑，他们每一阶段的困惑和疑问就都可以通过正常渠道解决了。

我认为，孩子在十一岁左右就可以对他们讲解有关人类性生活的社会意义和需要的特殊环境了。和其他年龄相比，在给孩子进行按手礼的时候，对他们进行性知识的指导是非常合适的，因为，这时候孩子已经了解了进行性活动的身体动作，我们应该让孩子知道，进行性这种满足本能需要的活动时，同时应该真正担负的社会责任。我认为，我们应该通过循序渐进的方式逐步对儿童进行性启蒙教育，学校可以充分照顾到不同孩子发展阶段，进行不同的教育内容，所以这种性教育可以从学校开始，中间不间断进行，这样能够避免一些专家所担心的种种危险。

法国人在教育启蒙方面采取的一种方式，在我看来是在教育科学方面向前迈出的重要一步。在法国，由国家先指定一本初级教材，书中对孩子们将来应该具有的公民的地位、权利和应承担的义务等方面作了总体介绍，学校不再使用问答教育法，但非常遗憾的是，这种基本教育完全忽略了对性的启蒙，这是非常严重的一个缺陷。在有的国家，儿童的教育全部或者部分是由牧师去做的，这些牧师在关于性的问题上从来不认为人和动物在本质上是一致的，所以他们采用的方法也十分不实用。他们认为，伦理教育的基础是灵魂永生，永远不能放弃。我们可以清楚地认识到，这完全是一种旧瓶装新酒的错误做法。由此，我们可以非常明晰地看到，要改革教育体制，只修剪枝节末梢，那是完全起不到作用的，也是永远不可能彻底改革的，所以必须从根本着手才行。

第一篇
性学三论

·第一章·
性变态

在生物学中，人们常以“性本能”这一名词来表述人类或动物对性的需求。我们认为，性行为和人们感到饥饿时寻找食物的行为具有极大的相似性，都是人的本能需求。可是，在我们的词汇语言中，很难找到贴合实际的词语来表达，这种类似饥饿时候觅食的性行为，为了研究方便，我们借用力比多或性力来代指这一行为。

人们以为自己已经掌握了性行为的实质，大多数人认为，性行为是随着人年龄的增长，到青春期后，随着生理功能的成熟才渐渐出现的，而童年时代是根本不存在也无须考虑的。人们认为，这种性行为只存在于异性之间，由于相互吸引而产生的高于一切的力量中，最终意图在于实现两性的交合，至少是性行为的交媾。可是，很多的现实让我们不得不相信，这种大多数人所认为的真理已经远远脱离了事实的本质。我们认真思考一下就会发现，这些想法漏洞百出，都是错误和偏见，由此而得出的结论必定是鲁莽和不审慎的。

为了进一步科学研究和探讨，我们要先定义性对象和性目的这两个名词，所谓“性对象”就是对其发出性的诱惑力的人物；而“性目的”则是指性冲动想尽力追求并得到的东西。现在，我们所进行的研究是非常具有探讨价值的，其重点在于理清各种与性对象和性目的有关的变态现象，与这些变态现象和正常现象之间的关系。

第一节 “性对象”的变异

古代有一个美丽的传说表现了大多数人对性行为的观点和认识。这个故事传说，在远古，人都是单性的，后来才分成了男人和女人两个个体，男女之间相互吸引，相互寻找，经过种种艰难曲折，男女走在一起重新融合。这个传说表达的内涵影响了一代又一代人，深入人的心灵，因此，一旦听说有些男人的性对象不是女人，而是和他一样的男人；或者听说有些女人不喜欢男人而希望和女人相守一生一般人会感到十分诧异、十分不解。因这是对长久以来存在理念的行为的颠覆。我们把同性之间相爱慕的人叫作“同性恋者”。为了科学研究的严谨，我们还把这种人叫作“性颠倒者”，把这种现象叫作“性颠倒”。目前世界上有多少人是性颠倒者，我无法估算，但是有一点可以肯定，这个数目绝对不会是个小数。

一、性颠倒

所谓性颠倒即性对象的颠倒，简称同性恋。

（一）性颠倒者的行为种类

我们根据性颠倒者的具体表现，大致将其行为分为三种不同的种类：

1.完全性颠倒者。同性是这类人自始至终追求的性对象，任何时候他们都对异性没有任何性方面的欲望和渴求。对待性行为相关的事情，异性对他们来说是毫无需要的，甚至有些厌烦。伴随着这种厌烦情绪，他们就不会像正常男女那样进行两性之间的性活动，即使勉强进行性交，他们也不认为这有何快感和兴奋的感觉。

2.两栖性颠倒者。他们是双性恋者，性心理上属于半阴半阳。他们的性对象是两者均可，男性可以找男性，也可以找女性；女性可以找女性，也可以找男性，这种性颠倒者无明显的确定特征。

3.偶尔性颠倒者。在一些特殊情况下，尤其是当正常的性对象不在身边，个人需求不能得到满足时，他们也可以通过模仿将同性人作为性对象，聊以慰藉。

这些不同于常人的性行为，即使都是性颠倒者，他们也各自有着不同的观点。有些人认为这是一种正当和应得的个人权利，就像正常人要满足自己的原始欲望一样，是一种理所当然的事情，没有什么可以争议的地方。而有的人并不认为这是一种正常行为，他们知道这是病态的，可是总是不由自主，他们也千方百计地去纠正自己这种性颠倒行为。其实，我们进行精神分析治疗成功与否，很大程度上取决于他面对性颠倒行为有没有克服和挣扎的心理倾向。

还有一些差异则表现在发病时间上。有些人，在他记事之前就出现了性颠倒症状，而有些人则在青春期前后才会出现一段（通过实验，专家已发现，一些患者自己认为的性颠倒出现的时间常常是不确切的，原因是患者的记忆往往压抑他早年对异性的认识和感受。通过精神分析法对性颠倒者进行分析，这种看法已经得以证实，通过这种方法，专家要从患者小时候遗忘的东西中，重新寻找到各种事实来填充其本身的记忆缺失）。性颠倒出现后可能终身就这样，也可能随着时间推移而消失，只作为人体正常发展过程中的一个小片段。还有一些人则是反复摇摆于正常的性对象与异常的性对象之间，不时更换。除此之外，最令人不可思议的是有些患者由于和正常性对象结合后产生了一种糟糕的经验，所以开始寻找异常的性对象，从而患上性颠倒症。

一般来说，以上种种不同的性颠倒类型之间并没有什么关联。当然，非常极端的情况也是存在的，这种性颠倒者往往沉湎于自己的世界中，认为自己的状态很正常，他的性颠倒状态一直存在于他的生命当中。

但有很多专家常常喜欢夸大不同性颠倒者之间的差异，而对他们的共同之处忽略不计，不将这些性颠倒者归为一大类，由此得出他个人对性颠倒的一己之见。其实，不论研究专家如何对这些现象进行分类，我们可以肯定的是，处于两个极端的人还是少数的，处于中间的人是占绝大多数的，所以，分类过细，或者说过于强调他们之间的差别，那么将会对这类问题的继续深入研究产生一些不利的影响。

（二）颠倒现象的缘由

说到性颠倒现象的缘由，很多人可能会不假思索地认为，这是先天性心理变质的表现。乍一看，这种想法和下面的事实貌似恰相符合，因为医生们是在那些患有心理病的人身上，或者具有这种病症征兆的人身上发现性颠倒现象的。可是，这种想法中有两种因素我们需分别加以考证，一是先天性，另外一个则是退化。

（三）先天性

我们通过第一类完全性颠倒者这种最极端的个例，可以猜测性颠倒是先天的。当事人自己也承认，他一生中的性行为都是和同性进行的，从来没有和异性有过性行为，这是性颠倒是先天性的唯一佐证。可实际情况是，另外两类，尤其是偶尔性颠倒者，和认为性颠倒是先天性的这种假设无法契合。假如继续坚持先天性的说法，只能导致将绝对的性颠倒者和其他性颠倒者分开，如果这样的话，性颠倒这一概念就不能继续统一。所以，部分性颠倒者可以说是先天的，而其他的性颠倒者应该是另有原因的。

还有一些人反对“先天性”这一说法，他们认为，性颠倒是后天学习习惯或者倾向不正常的一种性行为，他们提出以下三种理由：

1.我们在许多性颠倒者，包括完全性颠倒者身上可以得知，他们在幼年曾受到过某种震撼，给他们留下了强烈的性印象，从而导致一种永久性的影响，即同性恋倾向。

2.别的例子则都是由于受到某种激励性的或者压制性的影响力而导致的。这些影响强化或更加固定性颠倒现象，并且这些影响是在童年及以后，例如长期和同性长者同居相处、战争或者服刑时期和同性朋友相处、害怕和异性性交存在危险性、长期单身独居或性功能低弱等原因。

3.对于先天性的性颠倒，即使采用催眠性联想也不能根治性颠倒症状。这种方法仅对后天性颠倒起作用，对于先天性性颠倒毫无用处。

所以，他们认为存在先天性性颠倒的认识是不正确的，至少是值得怀疑和重新商榷的。

我们对此并不赞同，反驳理由如下：假如我们更加细致地检查这些所谓的先天性性颠倒者，可以得出一个结论：他们认为儿童早期的某一次经验决定了他原欲的发展方向。艾里斯曾经说过，我们可以用特殊的手段重新召唤出仅靠他自己已不能回忆的经验。在上面这位专家看来，所谓的性颠倒，是在人生过程当中，由于外在环境刺激而造成的一种司空见惯的性行为变异。

上面的看法看似理据充分，实际上却经不起推敲。因为有很多在幼年时也曾有受过诱奸、相互手淫等性活动影响的人，后来并未因此而变成性颠倒者。由此，我们有理由相信，不论先天因素，还是后天习得影响，都不能单独解释清楚性颠倒这一现象。

（四）退化现象

对于“退化”这个词的使用，人们曾提出各种理由来反对，当然这些理由也用来反对这个词在其他领域的滥用。在过去，人们总是倾向于将那些创伤性和感染性疾病之外的病症的原因统统归为“退化”。在玛格南（Magenan）对“退化”现象的分类中，即使最高级的心智能力也有可能濒临“退化”的境地，由此，“退化”这个词已经丧失了它特定的意义和用法。在我看来，下面两种情况着实是不应该用“退化”现象来定义的：1.假如其中不是很多地方显而易见地违反了正常状态；2.假如没有损害到工作和生活的正常能力。有关“退化”的诊断，多数情况下其实没什么实际的价值，所以不应轻易施行。莫比尤斯（Moebius）对这一点曾发表过这样的看法："从全局情况来说，诊断为'退化'现象其实是毫无实际用处的。"

通过以下事实我们可以证实，如果按以上标准来衡量，性颠倒者一定就是"退化"者的论断是有失公允的。

1.有性颠倒现象的患者在其他方面往往和正常人毫无差别。

2.性颠倒现象并不总是发生在人们想当然地认为的心智有损的人身上，相反，它常发生于心智高水平，而且智力和道德修养也极高的人身上。盘古论今，我们发现，患有性颠倒症并且是绝对性颠倒症的人，常常是权高位重、威望极高的人。

3.如果我们置身于一个更广阔的范围或者角度，跳出个人医疗患者方面的经验来看的话，我们可能会得到两种结果，这能纠正我们认为性颠倒是一种"退化"症状。这两件事实是：（1）通过历史，我们发现，在一些文明古国，并且是在其文化发展的高峰时期，常常会出现性颠倒现象，并被赋予极高的意义和重要功能。（2）性颠倒曾十分风靡于原始民族部落和野蛮人时代。按照伊布拉赫（Bloch）的理论，"退化"这个词往往只能在文明发展较高的时代使用。尽管如此，在欧洲这样文明的国家里，由于不同的气候条件和人种差别，以及人们对性颠倒的不同态度和认识，这个词的使用和分布还是受到了非常强烈的影响（伊布拉赫在这件事的转变上起了重大作用，他曾坚信性颠倒现象在古代文明里是屡见不鲜的。在过去，性颠倒被人们认为是一种病态现象，后来随着人类学科的发展，学者们才开始用科学的眼光来看待）。

（五）对性颠倒的解释

正如上面所说，我们既不能只拿先天性因素来解释性颠倒，也不能单独用后天习得的原因来阐述性颠倒的本质。如果只用先天性因素解释性颠倒现象，那么必须具备下面这种最不可能的事实前提：一些人的先天性性行为只对某一种性对象感兴趣。如果这种事实不成立，那么先天性就会受到质疑，其内容必然也要重新审定。假如只用后天习得来解释性颠倒，也不是那么顺畅的，因为，如果一个人只是受外在的刺激和影响，而没有任何先天性的倾向就能变成性颠倒，这样也很难让人信服。所以，上述两种因素都不能单独完全解释性颠倒这一现象，不能独自成立，必须是两者结合共同作用的结果。

（六）双性理论

我们知道，弗兰克·李兹顿（Frank Lydston）、奇尔南（Kier-nan）和柴瓦里尔（Cheralier）相继对性颠倒发生的原因作出了各自的诠释，而新近，继他们之后又出现了一些不同于前的观点和认识。之前，一般认为，一个人要么是男人，要么是女人，别无他选，而这新近的某些观点完全打破了这种传统认识。科学家得出一个出乎常人意料的结论，在解剖学上，有些人超越了两性的界限，他们的性器官既有男性的特征，又有女性的特征，是阴阳结合体，不甚分明的性特征让人难断其雌雄。所谓的真正的性阴阳人，是他们的两种性器官都得到了充分的发育，并且情况良好，当然，这只存在于极个别的案例中；大多数情况下，这两种性器官并不能同时得到良好的发育，即呈现出发育不完全状态。

发现这种不同于正常的现象具有非常重要的意义，因为，通过这些无意的观察和研究，我们了解到了人体正常发展过程中的真实情况。由此我们才明白，仅从外表特征的角度来说，存在一定程度的双性趋向并不是不正常，因为，所有正常的人，不论男女都应该有异性器官的痕迹，只是部分器官通过转化而用于他途，其余的部分则相安无事地保留于原位，不起任何作用。解剖学学科发展已经经历过一段时间，通过上面的研究，我们可以得出一种大胆的推测：在最原始社会，人类的身体是阴阳结合的，后来，随着时间的推移，人类逐渐发展演变，由于某种因素，另外一种性器官逐渐萎缩而没有发育完全的，只留下了某种不易觉察的痕迹，于是，人就变成了现在的单性人。

这种推测同样也被人运用到精神领域的研究中，即认为“心理阴阳人表现出来即是性颠倒的变态行为”。若一个人患有性颠倒症，他在心理上，甚至生理上也必须且经常具有阴阳人的痕迹，只有发现这样的事实确实存在，那么上面的推测才能真正成立。可实际情况是，虽然我们看到性颠倒者确实存在性行为变弱的情况，艾里斯也曾通过解剖学发现性颠倒者存在某种程度上的性器官发育不完全。可是，这种案例是绝无仅有的，其数目少之又少，以致难占一席之地。所以这种需要满足的事实是基本上不存在的，我们并不能由此确定心理上的阴阳人，和解剖学意义上确实可见的阴阳人之间有某种固定联系。总之，性颠倒和生理上的阴阳人之间，毫无瓜葛，完全不是一码事。

以艾里斯为代表的一些人还很关注性颠倒者一些非主要甚至非常次要的特征，以突出他们在这些特征方面的差别。的确，性颠倒者在某些次要特征上是存在差别的，但是这种非主要的特点一开始就存在于异性身上，很大一部分人身上既具有女性的性特征，也具有男性的性特征，但他们并没有像性颠倒者那样对性对象的选择发生改变，这一点我们是不能忘记的。

假使下面这个假设成立，我们可以相信心理阴阳人是存在的：即人类的明显的异性特征和性行为等精神机能，可能随着性对象发生变化也产生相应的变化。可是，实际情况并不是想象的这样。我们看到，不仅女性性颠倒者出现过这种性格上的颠倒，男性出现性颠倒现象的频率也很高，连那些非常阳刚的男性也不例外。我们只有首先确定在任何情况下，都没有任何例外的案例发生，唯有这样，我们才能完全相信确实存在这种心理阴阳人。那么生理上的阴阳特征也与此类似。可是，一个人其退化的异性器官和他非主要性特征之间并没有多大的关系，至少从表面上来说是。哈尔班对这个问题也是这么认为的。

“在一个男人的身体上误长了女性的脑子”，一位性颠倒方面的专家曾如此说明上面理论中的双性人造型。这种通俗的说法似乎可以让大家都能看懂，当然这位专家是个男专家。可到底“女人的脑子”是什么样的呢？我们不得而知。这种用解剖学名词取代心理学名词的做法有画蛇添足之嫌，是非常不准确的。与之相类似，克拉夫特·伊宾（R.Von Kraft—Ebing）和上面的说法别无二致，只是在他的基础上解释，看起来更加具有迷惑性。他认为，双性倾向的人首先表现为身体性器官上的两性兼具，同时，在青春期来临之前，他们由于受到男性性腺和女性性腺的作用，会分别长成男性大脑中枢和女性大脑中枢。其实，我们仔细思考就会发现，所谓的男性大脑中枢和女性大脑中枢，与前面有男性脑子和女性脑子区别的说法如出一辙，并没有超出其圈囿，并且，这种假想的性中枢的功能是否也和现存的语言中枢一样，有和它相对应的大脑专门区域，我们还不得而知。

无论如何，通过以上各方面分析，我们可以总结出两种意见：第一种是性颠倒者身上存在着双性倾向，可是，这仅限于解剖学，其他的我们并不能涵盖；第二种是性行为在发展当中会受到阻碍，这是我们分析的要点。

（七）性颠倒者的性对象

在心理阴阳理论的研究者看来，与正常人的性取向相反，性颠倒者的性对象都是同性。例如，一个男性性颠倒者认为自己是个女人，他需要男人的爱抚，而男性的形体和思维对他来说都极具诱惑力。

这种说法概括了绝大多数性颠倒者的表现，但还不能把之作为性颠倒现象的基本特点来看。因为，我们可以看到，很多身体魁梧、行动阳刚的男性，本身丝毫不具有女性的阴柔特征，他们喜欢的性对象也呈现出柔美气质，但他们是男性性颠倒者。对于这点，我们可以有许多实例为证，亘古论今，多少男妓们为了取悦那些性颠倒者而不惜施粉黛，描眉画眼，假扮娇羞。假如说性颠倒者只是喜欢男性特征的话，那么看到这些装腔作势的男妓们如此“娘”肯定拂袖而去了。传说，希腊时代的性颠倒者十有八九都是相当强壮的人，他们喜欢一个同性肯定不是因为他是男的，而是喜欢上了这个男性表现出来的类似女性的那种娇羞、恬静、纯真、惹人怜惜的神态和柔弱的体形。当他成熟之后，他不再是那个性颠倒者的性对象，可能自己也转为了一个性颠倒者。性颠倒者在对男性的喜爱和对女性的爱慕当中来回游走，他们在寻求一个可能的折中点，即雌雄同体人，但他们有一点不能打破，即男性的躯体尤其是男性的性器官，这点是满足他们性对象要求的必要条件。

相比男性性颠倒者，女性性颠倒者的情况没有那么复杂，女性主动型的性颠倒者大都具有明确的男性行为方式和男性思维方式，她们同样喜欢具有柔美气质的女性。当然，这并不是绝对的，如果我们细致研究观察，她们也存在很多不同点。

（八）性颠倒者的性目的

我们将性颠倒现象大致归为一类，可其各自的性目的却是千差万别的，这点是我们须要明确的。在大多数女性性颠倒者中，最多的是通过口腔黏膜的互相接触，当然也有其他的性目的。而在男性性颠倒者中，大多数还是通过手淫的方式来发泄和寻求快感，真正意义上的肛门性交并不普遍。由此我们可以看到，这些性颠倒者喜欢的并不是异性，而是囿于一种自恋，这才是他们的性目的。

（九）结论

目前，我们通过反复的分析之后，获得了一种更重要的能力，即观察力，虽然解决这个问题很重要，可是我们现在所拥有的材料还不能给性颠倒一个非常合理的解释，但长远来看，这并不是最重要的，观察分析的能力才是我们在分析过程中最大的收获。我们发现，在之前，人们认为性本能和性对象之间存在着密切的关系，可事实并非如此，通过病态情形的考察，我们有新的收获，即我们要善于观察事情的另一面，不要被正常状态下的本能和对象间的关系所影响。通过分析，我们可以发现，性本能和性对象之间可能毫无关系，性本能的产生也并不一定绝对是由性对象的刺激才导致的，二者在物理上是具有可分离性的。

二、恋童癖或恋兽癖

所谓恋童癖即以性发育尚未成熟的儿童为性对象，所谓恋兽癖即以动物作为性对象。

性颠倒者一般在绝大多数情况下和常人无异，只是在性对象的选择上不同于普通人。可是以性发育尚未成熟的儿童作为性对象，我们对这类人是无法划归于正常人范畴的，它是一种非常少见并且异常的变态行为。一个意志薄弱的性无能者，或者一个突然兽性大发、情不自禁，又实在没有合适的发泄对象的人，如果和儿童进行交媾，那毫无疑问，会对儿童身心造成极大的摧残。但从这种非正常现象中，我们可以看到性本能的真实本质——性本能的选择对象具有出人意料的丰富性，和人感到饥饿而寻找食物相比，后者反而更加专一，因为，人在饥饿时也不会什么都吃，而是有选择地吃，性颠倒者在性饥渴时竟然可以堕落到饥不择食的境地，这让人难以相信。另外，在农夫中发生得较多的就是恋兽癖——人与动物发生性关系，由此，我们可以得出一个惊人的结论：性的吸引力非同一般，它甚至可以跨越物种之间的界限而实现交媾。

人们或许很愿意将这些太过分的变态现象归属到精神有缺失的人的性本能上面，这是美学角度的观点，可是，实际情况并不尽然。实践证明，精神病患者的性本能障碍，很难和正常人或他所在的种族或社会阶层范畴相比，因为他根本不可能超过这个水平。举例来说，小孩和老师、仆人接触的机会最多，于是我们很容易听到儿童受到他们性凌辱的消息。实际上，精神病患者只是在变态方面的表现更加不受拘束和猛烈而已，或者从重来说，他们的病态更容易将非正常的性满足作为唯一的发泄途径，从而就抵触了正常的性满足而已。

这是非常值得我们认真思考的案例，显而易见的是，正常人和精神病患者在性方面并没有太明显的差别。我想，下面的解释也许说得通：性行为很少受到高级精神活动的指挥，不论是否在正常状态下。根据实践经验看，一个精神失常的人，即使是他在社会角度和道德判断都属于不正常状态，但他的性生活也并不会因此肯定不正常；相反，其他各方面都和普通人一样的人，其很多在性生活上也是存在不正常现象的。这些人虽然在其他方面紧跟着人类文明的脚步，可是在关于性的问题上却落在了社会后面。

上述种种的分析，我们归结为一点，即在通常情况下，对一些人来说，性对象的价值和意义并不是最重要的，性本能中肯定还有很多尚未被我们发现的东西，这些东西可能是性本能中最根本的，也是必要的成分，还待我们今后发掘。

第二节　性目的的变异

一般来说，我们所指的典型性交行为，是以异性性器官的交媾结合作为通常的性目的的，通过性交用于消除性紧张，得到性快感，暂时缓解性欲需求，这如同饿了找到食物而得到满足一样。可是，正常的性行为里也难免有一些附属的东西，如果持续不正常发展，就会形成一种变态性行为，即性变态。例如，性交前后抚摸、观看性对象等行为，都是为了达到性目的的前期准备动作，这些动作都是为了达到最终的性目的才做的，当然，它本身是愉悦的，另外对实现性目的具有刺激和增加激情的作用。可是这些行为一旦不正常发展，就成了性变态。接吻就是其中的一种，它本身只是吃东西的器官，消化道的入口，完全不属于性器官，可是在文明国家里，通过双方以嘴唇黏膜相互接触，通常被赋予了非常重要的性的意义。综上所述，这些附属的动作恰恰就是判断性变态和正常的一个重要依据，也是性变态现象和正常性行为的纽带。性变态大致分为两类：一是身体部位在进行性交媾时，发生解剖学上的变化；二是过渡性的性接触在和性对象实现性目的之前，过分地被延长了。

一、解剖学上的变化

（一）对性对象的高估

除特殊情况之外，一个人对性对象的评估，其内心肯定不是把性器官作为唯一一个判断标准的。一般来说，对性对象的评价，不仅包括性对象的生理外形，还会考量性对象的性格气质。这种高估的情况在心理智力方面也不例外，最典型的表现就是“情人眼里出西施”，一个人迷失了判断力，丧失了推理能力，固执地坚信他看中的性对象拥有无比完美的人格、无上高洁的情操，最后情愿被爱情蒙住双眼。这种在爱情方面的盲从偏信，若不能算到对权威服从的心理模式当中，那么至少也是造成权威的一个举足轻重的因素。

由于对性对象的过高评估，所以性目的就不仅仅是两性性器官的单一结合了，性对象身上的其他部分也是性目的所要征服的目标。一个极为重要的因素是对性的过高评估。我们可以从对男性的研究中获得充分的证据，证明对性的过高评估是导致其他部分也成为性追逐目的的重要原因。这一点，在女性研究方面仍然雾霭重重，因为，女性的性生活一方面由于文明的压制，另一方面由于女性生来的含蓄和不诚实。而在男性那里，探究他们的性生活相对要容易一些。

（二）口腔的性用途

正常的两个人嘴对嘴的接触，其实是非常普通的现象，而一旦一个人用嘴唇或者舌头去接触另一个人的性器官时，就是性变态现象了。正常性行为和反常性行为的中间阶段表现之一就是接吻。在古代，用口腔来满足性器官的方式就十分流行。一个讨厌这种反常现象的人，一想到这样的情况就十分恶心，他非常坚定地说他自己是无论如何也不会去做这样的事情的。可是，通常社会习俗往往又决定了厌恶事物的范围，例如，一个人可以十分热烈地去亲吻美女的嘴唇，可是他坚决不会使用美女的牙刷，这样会让他恶心；当然他的口腔并不是说要比这个女孩干净，但他对这种行为就是不能接受。所以，实际上我们所说的是这样一种情况：这种厌恶感很容易被原欲破灭，但也是用来阻止原欲对性对象过高估计的一种力量。这种限制性目的的力量，可以在反胃的感觉里能体会到，一般情况下，它并不指向性器官，而且在某种情况下，厌恶的对象也包括异性的性器官。这是歇斯底里症患者，特别是女性歇斯底里症患者所呈现的特点。要想克服这种厌恶感，其主要力量要依靠性本能，这在后面将详细讲解。

（三）肛门的性用途

从由于厌恶感而受到阻碍的程度来说，以肛门为性目的的反常现象比起以口唇为目的的反常现象更为严重，这样说的目的并不是有所偏倚。在我看来，肛门作为身体排泄的部位，无时无刻不与排泄物亲密接触，由此而造成的厌恶感，其实并不比一个女孩讨厌作为排尿作用的男性生殖器要好多少。

不只是男性之间才用肛门进行性交，喜欢肛交也并不能就此判断其是一个性颠倒者。相反的是，在这种情况下，恋童癖或者取悦男人的小男孩完全可以更像一个女性。通过相互手淫才是真正性颠倒者之间最普遍的性目的。

（四）身体其他部分的性用途

无论何种方式，关于性扩展到身体的其他方面，现在都无法再给我们提供更多的新鲜资料了。通过这些令人眼花缭乱的形式，我们仅仅能得到的是性本能在想占有性对象时尽其所能，而除此之外，我们得不到任何东西。对于解剖学上变化的原因，首先是对性对象的过高评价，另外，还有一个很重要的而一般人不清楚的原因，即类似口腔和肛门这种身体部位，由于长期以来一直被看作性器官来用，因此早已将之作为性器官来看待了。接下来将要讨论的性本能中，我们可以验证这种说法的正确性，并且可以来分析一些病症的症状和缘由。

（五）恋物癖

以不适当的替代品来作为性对象就是恋物癖。它是一种和性对象有关，但是又完全不适合当正常的性目标的东西，于是这种物品取代了正常的性对象，这种情况着实令我们很感兴趣。按照我们的分类规定，与性对象有关的变异现象里应该包括这种情况。但是，由于这种现象是盲目的激情和放弃性目标之后形成的，我们需要在解释清楚“性的过高评估”之后再来分析这种现象。

其实，像丝袜、头发等这些一般与身体中性目标无关的部分都可以作为性对象的替代物，还有一些具有很大性意味的非生物东西，如衣服的碎片、红肚兜等，当然这些是和异性有明显关系的。这些物品我们可以将之和原始氏族崇拜的圣物相提并论，因为在原始社会，神灵的形象就是由这些物品想象生发出来的。

恋物癖发展过程中，有些人的性目的算不上错误，但也不正常。为实现其性目的，必须具有某种特征的东西才能成为他们的性对象，例如某种颜色的头发、某种样式的衣服、身体上的疤痕等。和恋物癖殊途同归，他们对这些条件异常执著。因此，我们更有兴趣研究这种濒临病态边缘的性行为，因为他们实在太怪异了。推测一下，这种人在追求正常性目的的能力上面，可能是受到了不同程度的伤害，例如，性器官的衰弱，体质衰弱是性器官衰弱的一种表现。但通过精神分析法，这种衰弱也可能是由于某种偶然因素，例如，年幼时由于害怕性活动，从此受到了限制，这也会使人寻求其他物品替代而背离正常的性目的。作为正常人，这种情况也不是不可能发生的，因为他们内心往往估计性对象过高，甚至将所有与之相关的事物都给予夸张和抬高。由此，在人们刚刚求婚的时候，因为正常的性目的还不能马上实现，那么某种程度的恋物癖是没有任何异常的。浮士德就曾经有过这样一段描述：

“我甚至渴望，她胸口的香帕，还有碰触她膝盖的透明裙摆。”

（选自歌德：《浮士德》，第一部分，第七场。）

假如对和性对象相关的东西的追求，演变成对某一类物品的嗜好，甚至完全代替了原本正常的性目的，或者所崇拜的物品本身成了性对象，与物品所属的性对象完全脱离了关系，这样的情况就变成了病态。我们通过这个原则，可以区分性行为的稍微异常偏差和完全病态。

比奈特（Binet）最早提到过这样一个观点，对崇拜物的选择往往是一个人幼儿时代受到的某种深刻的性印象的一种表现，很多事实可以证实这一点，这和我们生活经验中大多数人深有体会的“最难忘的是初恋”的感觉异曲同工。一些人尽管受到引发崇拜物品倾向的各种限制，但这些人在选择性对象时，幼儿期的性印象依然在起着不可忽视的作用，后面我们还要仔细讨论这种印象的重要性。

除上述情况之外，一个人还很可能在一种连他本人都浑然不觉的象征性思维影响下，将崇拜物取代性对象，我们并非总是能把握这种关系的原因。在神话中就常见一种原始的性象征——足踝。还有，对皮毛的崇拜很可能是联想到了会阴部的阴毛，这种象征的含义好像很大程度上取决于幼年期的性经验。

二、短暂性性目的依恋

（一）新性目的的产生

例如性无能、追求性对象的难度、性行为的风险等这些阻碍性目的的原因，不论是外在因素还是内在根源，都具有非常强大的阻力，这种阻力迫使人不再追求正常的性目的，而是停留在预备性动作上，并将之变成新的性目的。科学研究发现，不论新的性目的如何奇异，其实早就可以在正常的性行为当中寻找到最初的踪影了。

（二）抚摸与观看

适当和合宜的抚摸是达到正常性目的必不可少的环节。众所周知，充满爱意地抚摸性对象肌肤可以不断地刺激性对象，并产生无尽的愉悦感。所以，流连于片刻的抚摸并最终达到正常的性目的，这种方式并不能就定义为性变态。

和抚摸一样，观看也具有相类似的性质。因为人的视觉印象是最容易引起兴奋的，对性对象的选择很大程度上就依靠视觉印象，所以，观看是最普遍和最正常的达到性兴奋的方式。它的这种目的性，造成了人们希望性对象具有美感。随着时代的进步、文明的发展，用于遮羞蔽体的衣服现在也可用于挑逗人们性好奇，通常通过使裸露身体若隐若现来增加对异性的吸引力。假如我们开始将对性部位的兴趣点转移到全身体态，那么这种好奇心便具有很大的艺术性，我更愿意用升华作用来指称它。这种喜欢徘徊于局域性的性目的上面，每个人都或多或少地有看异性裸露部分的兴趣和喜好，其实，这种做法也确实能将人的一部分欲望转化到欣赏高级艺术的兴趣上面去。

可是，一旦观看的欲望变成了下面的几种情况，就不再属于性正常范围了：1.只是喜欢观看性器官，而对性对象其他部分毫无兴趣；2.当观看的东西是普通人所厌恶的东西时，如喜欢偷窥别人大小便的样子；3.当观看起到的是压制性兴奋，而最终不能促使人实现正常的性目的。通过我长期的精神分析实践，最后一点实际上表现为一些患者有露阴癖，总是喜欢将性器官裸露给别人看。这种人以为，他将自己的性器官暴露给别人看，别人同样会把性器官给他看，会达到一种交换目的。这种想看别人性器官和想被看的心理是非常奇特的，属丁性变态行为。后面讨论的变异现象中，这种情况占有举足轻重的地位。在这种情况里，性目的表现为主动的和被动的两种形式，也可称为工负两种形式。唯有前面讲的厌恶感，也就是羞耻心的力量，才能够阻止窥视症，并彻底将这种欲望消除。

（三）施虐与受虐

有些人在性行为中，喜欢对性对象施加痛苦，有些人则喜欢品尝被施加痛苦的感受，这两种倾向都是性变态行为中最普遍和最重要的症状，克拉夫特·伊宾曾将之分别称为虐待症和被虐待症。虐待症是主动的，而被虐待症是被动的。还有些研究者用“痛楚淫”这个意义狭隘的词来指称这一现象。这个词包含了痛并快乐着的潜台词。而伊宾的名词中则含有各种形式的羞辱和屈服所造成的乐趣的内涵。

在正常人身上我们也可以见到这种主动性的痛楚淫，它是虐待狂产生的基础。众所周知，大多数男人具有一种侵略性和征服的欲望，尤其在性欲中，这种倾向更加明显。在生物学上表现为，只有使用不同于求爱的其他方式去征服性对象，才能感受到其中的乐趣。所以，所谓的虐待狂，实际是强化和独立的性本能中的侵略性成分在起作用，它是这种侵略成分经过转移而表现出来的一种形式。

虐待症在日常生活中是有几种相差悬殊的含义的，稍微主动或者稍微放肆的态度，和一定要通过性对象的完全屈服或者弄得遍体鳞伤才会获得满足的极端态度，这两种之间是有着天壤之别的。严格意义上来说，所谓的性变态现象只是指后者这种过分的极端行为。

与之相类似，被虐待症其实也包括了性生活中对性对象的被动态度。要想达到性满足，就必须是性对象对自己身体或精神造成各种的痛苦，这是最极端的情况。和虐待症相比，被虐待症好像和性目的变得更加毫无关系了。我们由此在想，这种情况是虐待症的变异呢，还是原本就存在？研究很容易发现，被虐待症是由于把自己看作性对象的原因，只是一种指向自己的虐待症。我们临床分析了一些极端的被虐待症患者，发现了很多因素是相互作用、相互强化的，其根源在于原始的阉割情绪、良心感等被动性态度的症状。和前面所说的厌恶感和羞耻心一样，这里所要克服的痛楚感，也是原欲的重大阻力。

虐待症和被虐待症，其强烈的主动和被动之间的对比，是性生活中最普遍的特点，可它们本身是性变态现象中非常特殊的情形。

在有历史记载以来，这种性本能和残酷行为之间就有很大的关系，这种情况昭然若揭。可是到现在为止，还没有人超出“强化的原欲中的侵略因素导致这种现象”的观点，用别的理论来解释二者之间的关系。一些研究者认为，原始的人吃人习性的残余留在本能里就成了侵略的欲望。用另一种方式可以表述为，这种征服对方的现象在个体发展史上，同时也是一种更加满足本能欲望的表现。也有人持不同意见，认为每一种痛苦中都包含着可能的快乐。说到这里，我觉得这个讨论可以先总结一下了，通过上面，我们得出一个大概结论，上面的种种解释，并不能非常完美地诠释这种性变态现象，因为这里还有心智、能力等在起作用。

这种性变态现象的主动和被动性质往往表现在一个人身上，这是其不同于其他反常现象的独特之处。一个人在性行为中看到对方痛苦的样子才能达到满足的人，他也可以在被虐待中得到兴奋。也就是说，虐待症患者同时也是被虐待症患者，所不同的是，有的在主动方面表现得更强烈，而有的则在被动方面表现得更加突出。这种突出方面成了他们性活动的主要方面。

到现在为止，我们可以看到，有些反常倾向习惯于成双成对出现。这一点在理论上是很重要的，我们后面谈到的问题将会证明这一点。到那时我们会发现，侵略欲望的表现，并不完全导致虐待症和被虐待症的鲜明对比，相反，我们更应该将这种同时出现的相反现象看作是双性现象中的男性性特征和女性性特征的对比。我们通过心理分析，可以将之转化为主动和被动之间的对比这种简化形式。

第三节　性变态总论

一、性变态的病态判断

对于研究性变态特殊案例的医生们来说，把反常行为看作是病态或者退化症状是最初最容易走的倾向。可是，和那些关于性颠倒的观点相比，这种看法好像更没有依据。生活阅历告诉我们，在某种情况下，正常人的性生活中总或多或少地存在着一些隐秘部分，就是这样一些“异位”情况，它完全可以作为一个正常人的性目的来取代常规的性目的，或者二者同时存在，井水不犯河水。世界上并不存在一个除了正常的性目的之外，对那些被认为是性变态的性目的毫无倾向的人。性变态包括的范围这么大，我们完全没必要对这些行为定上罪名。对性生活，我们现在还没有能力完全正确地对正常的生理和病态症状划分出清晰的界限，这已经超出了我们的能力范围，恐怕现在还不能很快寻找到解决的途径。

可是，某些性变态现象中特别奇异的性目的，也应该引起我们的重视。另外，有些性变态现象因为和正常状态相差太大了，我们只能将之认为是病态。在一些特异的案例中我们可以观察到，害羞、厌恶、害怕、痛楚等阻抗一旦被性本能克服掉，一定会出现令人咋舌的结果，如吃粪、奸淫死尸等现象。即便是在这种例子中，我们也不能就此确认，这种行为就一定是因为神志不清或者反常才出现的。显而易见，有些人虽然在性生活方面病态，可是在生活的其他方面却都是和健康人毫无差异的，因为性本能是人的一切本能中最不容易约束的一种。与之相反的方面也是成立的，在性生活方面正常的人，也有可能在生活其他方面不是很正常。

一般来说，我们认为一个人的性变态行为具有病态情形，是指它和常态下的表现相比不太正常，而不是说他有和大家都不相同的性目的。如果在性变态行为生成十分有利的条件之下，那么正常的性行为就会受到阻碍、压抑或者排挤。在此情形之下，产生性变态行为的同时，正常的性目的和性对象这种性行为就不会同步产生。所以，只有这种性变态行为，我们才认为是病态的。换句话说，只有具有排他性和固定性的性变态现象才是病态现象，否则就不是。

二、性变态现象心理因素

经研究发现，各种心理因素也参与那些最令人厌烦的性变态现象，并在其中起到转化性行为的作用。其实，正是由于心理因素的参与，才导致每一个例子听上去那么令人恶心的结果。在性变态人群中，无可非议的是性行为在理想化过程中所呈现出的意义，也许，和这种变异相比，再不能找到别的更能显示爱情的巨大力量。最高级和最低级之间的功能，在性方面原本就有着密不可分的关系，且能经由天堂到人间，再由人间到地狱进行互相转化。

三、两个结论

我们通过对性变态的分析讨论，可以了解到这样一个事实：性行为需要不间断地和某些心理因素或一些阻抗力作斗争，最有代表性的是厌恶感和羞耻心。大家都明白，限制性行为并使之不超出正常范围是这些因素原本的作用。假如这些因素已经得到了充分的发展，而一个人的性行为还正在成长阶段，那么它们就能轻而易举地控制性行为，从而引导性行为正常发展。我还要不厌其烦说明的是，除此之外，对某些性变态现象，我们可以理解为许多动机的相互作用，要是认真分析和解剖的话，那么我们可以将之认定为是一种综合性的性行为。从这里，我们可以得到这样的启示：性行为本身可以是多元的，与之相反，它有可能是由许多不同的成分组成的。这些性行为作为组成部分，又可能成为一种独立的性行为而脱离整体，这就形成了性变态。通过临床实验我们看到，隐蔽的多种行动的融合是和谐正常的性行为的表现。在此，我还要对相对性变态的源起作一点补充说明：它有点类似于恋物癖，性变态曾经短暂存在，之后是性变态的固定。心理分析实践证明，性变态是恋母情结没有解决导致的后果，当这种情绪被压抑后，人的性本能中各种成分开始出现，其中最强烈的倾向便重新凸显出来。

第四节 神经症患者的性本能

一、精神分析

我们想要了解不同于常人者的性行为的话，我们只有一种方式才能有所收获。我们还可以表述为，我们只有一条途径去正确无误地解决那些神经症患者的性生活问题，那就是“导泻法”（Catbartic）的精神分析研究，那是我在1893年和布劳尔（J. Breuer）一起创立的。这里所指的神经症主要包括歇斯底里症、迷狂性神经症、取名不当的神经性衰弱症、早发性痴呆症和妄想症。早发性痴呆症又叫精神分裂症，根据现在分类，精神分裂症和妄想症都是精神病，而不是神经症。

很早之前我就形成一个观点：根据经验，上述所有神经症的动力全部都是来自性本能。当然，这并不是说性行为的能量只会导致病态现象。我所坚持的一个观点是：神经症最重要和别无他选的能量就是性行为。换句话说，就是这些人的性生活的全部或绝大部分或一部分都可以在这些症状表现中寻找到痕迹。这些症状就相当于病人的性行为，这点我在其他地方也反复讲过。一个最好的证明就是，我25年积累起来的关于歇斯底里症和其他神经症的治疗经验。关于对他们的研究，我已经将几个病历详细发表过，今后我还会将它们详细报告给读者（神经症是遇到两种相反的需求却不能马上解决时发生的症状。在这两者中，一个是原始欲望的本能，一个是自我对之形成的反应）。

通过精神分析实践，作为一种替代物的歇斯底里症和一系列让人惊心动魄的精神历程、希望和期许之间有密切的关系，甚至可以说是这些东西的再次表现。这些期望和心愿因为遭受到了一种特殊的压抑，又不能在意识的精神生活中得以宣泄，只能无可奈何地沉积下来，由此形成了病症。它们被尘封在人的潜意识当中，可是，由于感情的力量，它们又要表现出来，最终，经过转化，在歇斯底里症中通过生理变化表现出来，这就是呈现到我们眼前的歇斯底里症症状。如果我们使用特殊的技巧和手段，从症状入手，溯源而上，将它们引入意识当中，并让其情感得到发泄，那么，我们就可以将这些精神活动从潜伏状态唤醒，了解它们的实质和来源。

二、精神分析的发现

我们通过精神分析可以知道，歇斯底里症的力量源自性行为，其表现形式代表着一种症状状态。这种说法和我们歇斯底里症患者在发病前的性格和原因十分相符，他们作为神经症的案例非常典型。患有歇斯底里症的人，性压抑这一点非常明显地在他的性格当中显示出来，这一点是和正常情况不相同的。这种性压抑极大地扩大了我们所说的羞耻心和厌恶感造成阻抗力，从而导致抗拒性行为。他们坚持使内心不和性问题有任何关联，出自本能地逃避，那么结果显而易见，就会出现歇斯底里症。在一些极端的案例中，一些患者甚至等到性成熟之后还是对性处于完全蒙昧无知的状态中。

可是，这歇斯底里症最大的特点却往往容易被其另一个重要因素所掩盖，尤其在最初阶段，歇斯底里症患者的性饥渴的过分发展往往表现得更明显。可是，通过心理分析，我们还是能发现最终的真相，并证明确实存在一种积累的性欲望和一个夸张了的抗拒之间的鲜明对比。由此，一个迷雾重重的问题迎刃而解。当具有歇斯底里症倾向的人性逐渐成熟，或者受到外界环境影响，而再也无法逃避真正的性需求时，他们的病情就爆发了。病人在发病时，他们经常处于极度的性饥渴和极大的性排斥两大阻力中间煎熬，即使病情发作，也丝毫不能消灭这种冲突。只是通过病的症状而转化了原欲的挣扎，用以逃避那难堪的局面。例如，一个有歇斯底里性格的男人，只是因为小情绪波动就轻易发病，那是一件非常怪异的事情，因为不是以性行为冲突为中心的事情是不会引发病情的。精神分析法反复重申，歇斯底里症发作是因为以性为中心的冲突导致了精神活动从常态中退缩了下来。

三、神经症和性变态

由神经症症状所推导出来的性成分，只不过是正常性行为的偶然出现，一些反对我观点的人提出这样的见解。可是，精神分析学的经验使我坚信，我是不会接受这种批评的，因为，通过精神分析表明，这些症状无论如何都不可能只是来自或者完全地来自那些所谓的正常的性行为。它代表的是那些更广泛意识上的性变态行动——能够直接表现在意识的幻想里或表现在行动中，所以，这些症状可以说某些是变态性欲的代价，换种说法即所谓神经症是性变态的负面或被动性表现（性变态者意识当中的清晰幻想“在优势条件下可能会直接变成行动”、妄想症患者由于妄想而产生的恐惧“来源于本身而投射到别人身上的敌对感”、歇斯底里症患者潜意识幻想“这是精神分析法通过其症状发现的”，三者在细节上如出一辙）。所以，在神经症患者的性行为中，我们可以发现我们研究过的所有性变异现象包括正常范围内的变异和病态性生活的表现。

1.通过对神经症患者的考察，我们几乎百分之百地发现，所有这种患者都能在他潜意识的生活中感觉到性变态和原欲在一个同性人身上的那种独特气质。目前，我们还不能完全知道这一原因在导致疾病上的重要作用，因为现在还未经过深入的探究式讨论。我所能强调的是，性变态倾向肯定并且在很大程度上是导致男性歇斯底里症的因素。

2.神经症患者的潜意识里可以找到所有解剖学的变异。因为，这种变异正是神经症的创造者。可是那些想把口腔和肛门看作性器官的倾向，是最普遍也是最严重的症状。

3.在神经症症状的构成成分中，我们可以清楚看到那些对比鲜明、成对出现的欲望。我们知道，有的新的性目的，如“视淫症”“暴露症”、主动及被动的伤害行动等。它们差不多长久控制了病人社会行为的一些部分。某些心理病症表现为将爱当作恨，将友情当作敌意，这在各种妄想症里表现得最突出。它们是通过伤害行动和原欲结合而发生的。

以下一些怪异的事情为上面的归纳增添了更多趣味性：

1.如果是后者发现了一种反对势力，那么之前在潜意识里，肯定有过这种与它对立面成对存在的行动。换句话就是说，每一个主动的性变态行为必然有一种被动的行为和它相对立。例如，一个潜意识里有暴露癖的人，那么他也应该同时患有视淫癖；一个困惑于潜在的虐待倾向的人，那么他的症状中肯定有用被虐待倾向来解释。我们应该重视这种正负相反的两种性变态现象比肩并存的现象，可是也要看到，在每一个病例中，一般也只有一种倾向占主导地位。

2.一般来说，在严重的神经症中，常常是集中性变态行为一起出现，不可能发现单一的性变态行动。每一种性变态现象都可以留下印记，可是，总有一种特别强大而凸显出来，这样，它就为我们提供了研究它的可能，我们可以由此去了解其不为人知的部分。

第五节　部分本能冲动和快感区

我们在了解了性变态的正面和负面之后，很容易知道，它们原来是“部分或局部冲动”。但我们不能到此停滞不前，继续分析是非常有必要的。所谓“本能”指的就是表现在精神上的内在刺激，而这种内在刺激来源于生理的肉体，这种刺激和一般的外部激发是不一样的。由于“本能”是一种精神的东西，它完全不同于肉体的刺激。其实本能的实质并没有明确的内涵，它只不过是一种衡量的尺度，只是它衡量的是精神活动而已。我们还需要继续研究本能这种行动的肉体来源和它的各种不同目的之后，才能知道它到底是一种什么样的行动，有何特殊属性。由于某一器官的激烈动荡才导致行动的产生，而消除这一器官的紧张和刺激则是行动发生最后所要达到的目的。

还有一个不应忽略的设想，这是对本能理论的一个有趣的说法：由于化学性质的不同，对体内器官进行两套不同的刺激作用，对其中一套所进行的过度刺激，就是大家所说的“性”，由它所涉及的器官就是快感区，而部分冲动就是从那里发出的性成分（由于这只是某一类神经症研究的结果，所以这种假设现在还不能完全得到准确的证明。尽管如此，为了说明“本能”这一问题，我还是要在文中讲到这个假设）。

性活动以口腔或者肛门来进行，这在一些性变态现象中也是常见的，这种快感就像在性器官得到的快感是一样的，和正常性行为的感受毫无二致。在歇斯底里症中，这些部分经过转化，身体也会呈现出明显的特殊状况：他们的上下黏膜区上的神经分布和性器官上的趋于相同，所以，就造成在性交中正常状态下的那种快感。

歇斯底里症患者认为，额外性器官或者性器官的代用品是具有重要的作用的。当然，这种作用在其他病症中也是非常重要的。可是，在强迫性神经症和妄想症患者身上，他们对快感区的感受是很不清晰的。因为他发病地方的心理意义和前者没有任何牵连，强迫性神经症在这方面表现得更明显也更突出，它的行动所创立的性目的好像和快感区完全没有关系，可实际上并不是这样的。举例来说，眼睛是“暴露癖”的快感区，皮肤是“虐待症”和“被虐待症”的快感区，这些例子都是比较特殊的。一般情况下，良好的快感区是要皮肤中的某一特殊部分经过分化，或再加上附近的黏膜才能形成的。

第六节　神经症中性变态盛行的原因分析

上述分析，可能会导致我们对神经症患者的性生活产生误解，误认为他们的性生活本来就应该不正常，本来就应该性变态。虽然，从大多数情况来看，神经症患者的体质中含有大量的性压抑和无法控制的性行为，因此，也就含有特殊性变态趋势的因素。可是，我们对比较轻的病历进行分析，发现实际情况并不能佐证后面的这种假设，或者至少是病症受其影响很微弱。因为，绝大多数神经症患者发病时间是在青春期之后，并且经过了正常的性生活，其隐含的抑制作用，目的也完全是为了阻抗正常的性欲。有些则是因为原欲不能得到正常的性满足，才导致发病时间较晚。这两种情形，我们可以打个比方，原欲像小溪一样，因为正常的通道阻塞了，所以在无可奈何之下，只能流向两边干涸的偏道，由此，性变态的例子在神经症中是比较多的，这些都是被迫流向偏道的表现，同时，偏道的功能也被强化了。但无论如何，正常人则很少用这些偏道，神经症患者需要这些偏道。实际上，一个正常人，由于性的内在抑制作用发生作用就会导致性变态，另外，还有别的情况，也会导致性变态，例如剥夺外在自由，正常的性对象无法满足正常性需求时，等等。

我们知道，实际生活中，心理病症是各不相同的。有些病人是因为先天因素导致性错乱，而有的则是因为像上面说的那样，其原欲和正常的性目的和性对象相分离，才导致了性变态。神经症趋于极端的一个必要条件是，体质和经验都趋于一个方向。确实，一个具有特异体质的人，可能脱离正轨并且不会受到日常经验的推动。可与之相反的是，一个正常人的体质，若经历过一番特殊的经验，那么他很可能就变成神经症患者。其他一些既有先天因素也有后天影响的疾病，大都可以用这样的观点来解释。

神经症体质中存在性变态的概率大大超过普通人，如果我们坚持这个观点的话，就应该特别强调快感区或者某种部分行动。由于先天性倾向不是整齐划一的，所以每个人也是不一样的。可是，我们现在还没有研究清楚，到底某一类病症和另一类性变态之间是否也有特殊的关系，当然，这个领域中还有很多其他问题亟待我们去研究。

第七节 性欲在幼儿期的表现

由于神经症患者的症状表现中包含很多性变态的情感和成分这一说法得到了证实，由此被称为是性变态的人数就猛然倍增。其原因在于，首先，正常人和神经症患者之间具有很大的模糊性，并无明确界限；另外，神经症患者在人类社会中占有相当大的比重，正如莫比尤斯所说“几乎所有人都有点歇斯底里的影子”，其广泛程度显而易见。通过这样一个事实，我认为性变态倾向是必然存在的，因为它是构成常态标准体质的一个重要部分。

“到底是先天因素决定性变态，还是偶然的经验决定性变态？关于这个问题的答案，后者已经经过比奈特恋物癖情况证明了。”我们经常被问及这样的问题。我们首先承认，某些先天性的因素是性变态现象的基础，可是每个人都有这种先天性因素。只是这种倾向很不稳定，忽强忽弱，一旦受到生活中的某些影响时，就会变得非常明显。问题的关键在于，性本能的先天体质根源，在有些人那里就发展为一种性行为的真实渠道，可是在另外一些人那里，它会因为不充分的潜在的抑制作用，通过病态婉转的形式留住很大一部分的性能源。只有处于这两种极端之间的人才是正常的人，他们是在有效的节制和一定的抑制之下，充分享受到了真正的性生活。

另外，我们还要想到，只有在儿童中间，才能找到这种代表着所有性变态现象的基础，尽管在童年时的一切行动表现出来都很微弱。但如果我们相信，是因为患者保持或者返回到幼儿的性欲状态，才导致发生了神经症的话，那么我们就更应该投入激情到幼儿期性欲的研究上。我们要想了解到底为何有人会形成性变态或变成神经症，而有人却能享受到性生活的真正乐趣，那么我们必须分析有哪些因素在幼儿期性欲的发展过程中起了作用。

·第二章·
幼儿性欲

第一节 导言

一、对幼儿期的忽视

在大多数人看来，性行为在幼儿身上是不存在的。人们都有一种普遍性的认识，认为性行为是人在青春期这么一个特殊的时段里才忽然出现的，其实，这种认识是非常错误的，并且后果是非常严重的，这主要是因为我们现在不了解性生活的基本原则造成的。我们要想最终认识性行为的来源、发展和成分，就需要对幼儿期的性预兆从不同角度进行全方位的分析，这样我们才可能在纷繁复杂的性行为里得到较为清晰的认识。可是，那些长期钻研成人性格和反应的专家，总是想从人类祖先中发现问题的原因，这是非常奇怪的事情。他们总认为遗传因素更重要，其实他们忽略了个人发展史的作用，这也是非常重要的。

事实是什么样的呢？我们认为，相比较于遗传来说，童年更值得研究，并且它理解起来也更容易。实际上，如果不了解童年的影响力，那么想要研究遗传其实就是舍本逐末，根本不能进行。在一些医学杂志上我们有时候也会看到有关幼儿性早熟的例子，他们有阳具勃起、手淫及其他一些类似性活动的动作，但是长期以来，这只是被看作意外、奇怪的事或人的劣根性提前发作而已。到现在为止，也没有学者认为幼儿期的性行为是正常的。在很多关于孩子成长过程的书中，经常忽略关于“性的发展”部分，甚至无语提及。

二、对幼儿期性的完全遗忘

下面两点原因大概可以解释，为什么很多著作忽视幼儿期的性欲：一是很多学者故步自封，囿于传统的思维方式而不敢冒险；二是由于完全遗忘，所以，对这种精神现象的意义现在还不甚明确。绝大多数人对自己六岁到八岁的童年期几乎毫无印象，当然这并不是全部的和绝对的。从古到今，所有人对此都觉得很正常，而没有去探究原因。我们知道，除了幼儿小时候因为理解不了一些东西而记忆空白之外，都能像大人一样表达快乐、痛苦和其他内心感受，并且这些会留下印象。确实，孩子在说话中也伴随着他们的理解力和不断发展的判断能力，这些大人们时常也能感觉到。可是，为什么当孩子长大后反而会把这些忘得一干二净呢？难道我们的记忆在各种精神活动中是最迟钝的吗？可是，在生命刚刚开始时，人们获取印象并再现印象的能力应该是最厉害的啊。

在大量观察过人们的心理活动之后，我必须承认，那些我们曾经以为忘记的东西，其实在精神生活里却留下了非常深刻的痕迹，并且成为将来发展的基本因素。从这里我们可以得出一个结论，幼儿期印象的忘记并不是真正的遗忘，而是一种类似于成年人神经症患者一样的遗忘，它们因为潜在的压制作用导致和意识相背离。可是，到底是什么导致了幼年期印象的潜在压抑？我们要进一步解释歇斯底里遗忘症，就首先要解开这个谜团。

这种幼儿期遗忘现象的存在，可以帮助我们换个角度来对比儿童和神经症患者的精神状态，这点是可以确定的。前文我们已得到这样一个认识：有的神经症患者的性生活一直处于幼儿状态，而有的经过发展之后，又退回至幼儿状态。那么幼儿期的性行为是不是和幼儿期的完全遗忘有关系呢？这值得我们再仔细研究。

探究幼儿期完全遗忘和歇斯底里症患者遗忘症之间的关系并非像在玩文字游戏，我们可以将歇斯底里症患者的遗忘情况的潜在压抑情况作如下解释：经过联想，患者内心早就存在的一段远离意识的往事，可能正好符合当前意识领域中的某一行为，由此，表面上看，好像他进入了遗忘的境界当中（我们只有认识到，这两个同时出现的历程才能明白潜在抑制作用的机制，这种情况就好像游客需要同时进行推拉运动，才能爬上金字塔一样）。通过上述情况，我们可以相信，只有有了幼儿期的遗忘现象，才有了所谓的歇斯底里式的遗忘症。

由此，我认为，是童年期的遗忘症导致了人们对自己的童年期性生活浑然不觉，回忆起来就像不在同一个世纪。因为这个原因，导致人们不能理解性欲发展中幼儿期的重要地位。研究这个问题，我常常感到力不从心，因为要靠我一个人来填补这个空白是很难的。我在1896年就认为童年在一些与性生活有关的现象里有举足轻重的作用。从那时起，我就坚持研究幼年期性生活的重要作用了。

第二节　幼儿期的性潜伏期及中断

我们可以想象童年期性行为的情景，依据就是幼年儿童常见的性的非正常表现和神经症患者潜意识中对当时的模糊记忆。这里需要说明的是，神经症患者其童年的发展和正常人是一样的，差别只在程度的强弱和表现的明显与否。

幼儿从一出生就有性行为的相关表现是大家都认可的，这种性行为在发展了一段时间之后，又要经过一段相对长时间的压抑，要突破这种性的压抑，需要性发展到足够旺盛的时候，或者个人体质足够强壮的时候。目前，我们还没有弄清楚这种曲折迂回的发展过程的规律和周期，可是一般来说，幼儿的性生活在三四岁的时候就能被观察出来了。

一、性压抑

精神的力量好似河堤，约束性生活的水流向狭窄的河道，受到一定的抑制，这是完全或者部分的潜伏期内所要经历的情况，厌恶感、羞耻心及道德和审美上的理想化要求都属于精神力量的范畴。在文明生活中，我们大概以为，是教育为儿童设置了这些堤防。其实，除了教育的功劳之外，机体自身发展也注定要经历这些途径。在某种情况下，不论有没有教育，这一过程都要进行，不能跳过。并且，教育要想使压抑作用更加有力，更加彻底，达到真正的效果，它还必须服从机体自身的潜能要求。

二、反向作用和升华作用

在文明发展史中，个人后天习性的养成和对常态的维持，是一项规模庞大的工程，具有深远的历史意义。下面我们看一下这项工程到底是怎样完成的。这很可能和潜伏期中一直持续并且未曾中断的幼儿期性欲有关，虽然它的能源已或多或少甚至全部和性的用途貌合神离，指向了别的目的，可仍然不排除这种可能性。在研究人类文明发展的历史学家们看来，所谓的升华作用就是放弃性目的而指向新目的的性动机和性力量，文化成就的无尽源泉就来自这种作用。我们需要认识到，伴随着性潜伏期的开始，每个个体的发展也受到了这同一种历程的极大影响。

我们还可以试着用另一种方法来解释这种升华作用的机制，性潜伏期形成的主要原因是生殖能力的后延，所以幼年的性行为是没什么用的。另外，幼儿期的性活动通常不那么令人愉悦，因为这种来自快感区的行动也只能带给人非常不好的感觉。长期这样，它们就逐渐激起一股相反的作用力，或反向情感，厌恶感、羞耻心和道德感等之所以建立起来正是由于这种不愉快感的帮助和精神上堤防的作用。

三、潜伏期的中止

我们暂时先撇下这种还很不明确的潜伏期和幼年发展的过程，跳出这种模棱两可的假设，重新来分析一些实际的东西，即在理想的栽培之下，幼儿期的性欲结果才获得如此的效果。可是，每个人都是不一样的，或者一部分的性症状可能从升华中重新返回，明显地表现出来；或者性活动到青春期才快速增加然后爆发，而在此之前都处于时隐时现的状态。在谈到幼儿期性欲的问题时，教育学家们表面上赞同我们的观点，而实际上还是认为，只有牺牲性欲才能形成道德的防御力量，因为他们认为，一个有性活动的孩子就是孺子不可教也。正是由于儿童期的性活动不能实现真正的性目的，所以教育学家们认为儿童的性表现没有一点儿是好的。我们则不这么认为，我们不怕浪费时间和精力去寻找东西的实质，因为我们一直坚信，从那里可以发现性行为的真实面目，可他们对之非常恐惧。

第三节　幼儿期的性欲表现

一、吮吸拇指

我们认为，幼儿性活动的一种表现形式就是吮吸手指，后面我们将列出此种说法的种种原因。匈牙利有一位叫林达奈（Lindner）的儿科医生曾发表过一篇文章，专门研究幼儿吮吸拇指习惯的现象，里面的论述相当精辟：处于哺乳期的幼儿大都有吮吸手指的习惯，可是，有人会将这种习惯延续到长大之后，甚至一生都不能戒掉。这种嘴唇的吮吸动作是以汲取营养物为目的的，呈现出规律性的重复。可是有时吮吸的不光是手指，不论容易触到的嘴唇的一部分或舌头还是大脚趾等不容易触到的部分，都有可能成为他们的吮吸对象。同时，伴随着吮吸，幼儿想抓取东西的欲望也发展起来，常常是有节律性地拉自己的耳垂，或者别人的耳朵或者其他部分，拉动的目的也是为了得到营养。在吮吸中，常常可以渐渐进入梦乡，或者表现出类似达到性高潮时的反应，这种忘我的状态常常连他们自己都浑然不觉。这种吮吸的乐趣经常和胸部、外生殖器等其他敏感部位的接触摩擦同时产生，许多小孩的手淫就是由吮吸手指慢慢过渡形成的。

林达奈非常明确地指出了这种意义，他本人对这个性指向是了然于胸的。在育婴室里，小孩因为性顽皮行为会受到严重惩罚，吮吸手指会同样受到这种待遇。很多儿科和神经科的医生们，因为不清楚性和生殖器二者之间的区别，将之作为同一件事情看待，所以强烈反对林达奈的观点。这种误解或混淆不可避免地造成一个非常棘手的问题，即具备什么样特点的行为才算是性表现？通过精神分析研究，我认为，人们已经清楚地理解了出现这种行为的缘由，那就是吮吸手指的习惯也是性活动的一种。确定了这点，我们就可直接研究幼儿期性活动的基本性质。

二、自体享受

明确地说明这种现象的原因是我们义不容辞的责任，我们认为，必须坚持下面的观点：性活动的行动目的是在自己身上得到满足，而不是指向别人，这是这种性活动的显著特征，艾里斯（A.Eliss）曾称这种行为是一种“自体享受”（实际上，艾里斯这种“自体享受”和我想表达的意思还不完全一致，他主要是指并非外部，而是源自内部的激动；而我通过精神分析学认为，激动的来源并不是最重要的，重要的是它与对象的关系）。

另外，我们明白，当一个小孩追寻某种记忆深刻的愉悦感受时，往往喜欢吮吸手指。这种反复吮吸皮肤黏膜，本是最初级的一种满足性需求的方法。很容易理解，一个儿童由于过去曾经在某种场合体验过这种感受，那么他在别的情况下也会尽力去追求一种愉悦的感受。婴儿生活体验中，最早也是最重要的一种愉快动作就是吮吸母乳，或者奶的代制品。由此说来，母亲的乳汁温润的流动能给他带来刺激，这种刺激是愉悦的，而嘴唇就是体验这种刺激的快感区。在刚开始，快感区的满足和获取营养有着十分密切的关系，一个成人在性得到满足时，和一个婴儿心满意足地离开母亲乳房，在满足中沉沉睡去的状态具有极大的相似性。可是，获取营养的要求和想让性得到满足的欲望早晚是要分开的。当儿童长出牙齿之后，他就开始咀嚼食物以获得营养，而不需要继续吮吸，由此，吮吸和性需求这两种活动就各行其道了。当然，儿童在这时还是不能适应外界而完全独立的，所以他就用自己的皮肤来代替母亲的乳头。吮吸指头的方便性和指头成为另一个稍微次要的快感区，大概就是儿童吮吸自己指头的两大原因。由于指头这个快感区的感觉较弱，所以，儿童就被迫去寻找别的快感区，这就是另一个人的嘴唇（“非常遗憾的是，我不能吻我自己。”这句话形象地表述了我们上面要说明的问题）。

当然，并不是每一个小孩都喜欢吮吸指头，可是，只要是喜欢吮吸指头的小孩，他们长大后大多喜欢接吻，因为他们天生具有敏感的嘴唇，这里是他们的快感区，由此甚至还会导致一种错乱性接吻的倾向，例如，假如是男人，他们会容易喜欢抽烟，喜欢喝酒。可是，有些也会产生厌烦吃东西，甚至产生歇斯底里式的呕吐，这是由于潜意识的压抑作用占了上风。由于嘴唇是接吻和吃东西都要用到的部位，所以，摄取食物的行为很容易受到潜抑作用的影响。我治疗过的一些女人在婴儿期都曾有过吮吸手指的习惯，她们患病后的症状大多和吃东西有关，如歇斯底里性喉咙膨胀感、窒息感和呕吐等。

我们从吮吸指头或为愉悦而吮吸的活动中，可以了解到幼儿期性欲表现的特点：第一，这种性的来源和身体中维持生命不可或缺的寻食功能关系密切；第二，它只是一种“自体享受”，而不知道有性的对象；第三，快感区受到其性目的的直接控制。由此，我们可以相信，其他幼儿期性行为活动应该也具有类似的特征。

第四节　幼儿期性欲的性目的

一、快感区的特征

我们从幼儿吮吸指头这个例子中，可以得到辨认快感区方法的一些启发。例如，它必须是皮肤或黏膜的一部分，通过刺激它的时候，我们可以得到一种明显的快感。可是，为什么刺激它就会产生快感，原因在哪里，是哪种特殊属性导致的，我们现在还不知道。的确，和瘙痒的乐趣类似，“有节律地动”对此有着重要作用。可是，我们对这种刺激带来的感觉是不是“特殊”还不能确定，在这种特殊性里，“性”的因素占什么样的地位还不得而知。心理学中关于“快乐”和“痛苦”的讨论还没有定论，所以，我们的假设还是要小心谨慎，可以说“性”的感受有着非常特殊的性质，至于它的原因，还有待我们以后研究。

和在吮吸的例子中所说的一样，身体中有几个特殊部位具有非常强烈的“性”感受能力，它们是天生的快感区。通过这个例子，我们可以发现，具有快感的地方都有皮肤黏膜，因此，任何具有皮肤黏膜的地方都具有快感区的功能，即具有朝快感区方向发展的能力。由此说来，快感的产生更取决于刺激的性质，而不是身体的部位。

那些吮吸指头的儿童，总习惯于在全身寻找那种可以通过吮吸而产生快感的地方。时间长了，习惯的力量使他变得更喜欢某些部位。如果在寻找的过程中，他偶然碰到了胸部、乳头、阴部等较为敏感的部位，可能就开始长期固定喜欢那个部位。我们通过歇斯底里症还可以发现一种和转移作用非常类似的现象。在这种神经症中，快感区本身由于潜抑作用的控制，导致引起兴奋的能源传到了其他快感区，从而使本不可能在成年人生活里出现的东西暴露了出来，代替了性器官的作用。但除此之外，身体的其他部位也可以通过性器官兴奋的影响，变成快感区，这点和吮吸指头的情形是一样的。快感区的性质和歇斯底里症发作区的性质具有非常大的相似性（在我写的《论自恋》中，我认为身体各部分甚至一些内脏器官都可以是快感区，这是经过我长时间思考和观察得出的结论）。

二、幼儿的性目的

幼儿的性满足和性目的，可以通过某一特定快感区的适度兴奋来达到。幼儿必须先经历过这种满足，然后才能建立起一种“反复”的欲望。我们相信，这种事情的发生并不完全靠机遇，“自然”会有其自己的安排。我们在分析唇部快感区时提到过这种安排，就是说唇部除了接触感受性快感，也要通过其摄取食物获取营养。我们会遇到类似的性机制，这种机制在其他一些性欲来源中也是一样的。我们可以从下面两个方面来分析这种反复需要满足的欲望：第一，有一种特别挑逗人的奇特紧张感存在；第二，内心深处有一种敏感或者瘙痒感出现，它投射到处于周围的快感区。由此，我们可以这样定义“性目的”，即它要达到的一种满足感，这种满足感来源于紧张感的消除，这种紧张感存在于快感区，但实际来源于内心，需要通过外部刺激才能消除。这种外在的刺激方式往往和吮吸动作具有相似性。

这种欲望也可以从边缘区域慢慢唤醒，从而造成快感区的确切变化，这点其实也是符合我们的生理学知识的。可有一点我们还需要再思考，加在同一个地方的刺激，为什么既能起到抑制作用，又能引起需求呢？

第五节　手淫的性表现

通过我们对唇部快感区的行动分析，便可推知其他快感区的原理，这是儿童性活动最难，也是最重要的部分，后面的问题则相对简单了。在我看来，不同的快感区之间是存在着明显区别的，这种区别在于，为达到满足时所需要的动作不同：嘴唇通过吮吸得到满足，而别的部位也因各自情况和性质的不同，需要不同的肌肉动作来满足。

一、肛门区的活动

和嘴唇一样，肛门区也同时兼有其他功能。身体的这个部分具有非常大的色情意义，这是我们很容易想到的。用精神分析的方法，我们可能会对这一区域感到十分惊异，它在普通的兴奋过程中可以表现出丰富的变化，同时，它始终还有非常强的性感受能力。我们经常听到，肠炎会引起儿童的“神经质”，因为这个区域在儿童婴儿期常常会受到强烈的刺激。不止这些，肠炎还会对儿童以后发生的神经症症状产生直接的影响，并且常常和肠胃不适有关。之前医学杂志里曾经有过痔疮是影响神经症的原因的说法，并且还认为该影响十分重要，不懂的人对此感觉非常荒唐，可是当我们认识到肛门快感区的作用，至少在转化意义上的重要性之后，对前面那个认识就不以为奇了。

儿童常常通过控制自己大便来获得肛门区的快感，即总是等到非要强烈的肌肉收缩来排便的方式。这样，积累在体内的粪便刺激肛门黏膜，瞬间通过肛门，这种刺激伴随着一阵痛楚，可是在痛楚之外，还有一种酣畅淋漓的独特感受。保姆带一个孩子去厕所，如果孩子总是拒绝保姆在他面前进行排便，而喜欢自己单独享受排便的快乐，那么，很可能是这个孩子形成古怪性格和变成神经质的前兆。进行这种行动的孩子，其实他在乎的并不是控制不住大便弄脏床铺的问题，而是他喜欢控制大便直到排出那一刻的痛快。这种故意控制大便的孩子是顽皮的孩子，教育学家们已经认识到了这个问题。肠内排泄物刺激肛门敏感的黏膜时的感受，和另外一些孩子在童年期之后发展起来的性器官的特殊感受是一样的，所以这种行动具有非常强烈的性意味。这种发现很有可能对抚育婴儿具有重要的意义，这种活动代表着第一次的贡献，孩子不愿排出粪便，因为排出显然就具有了妥协的感觉，他控制粪便不排出就是不妥协，说明他对环境有异议。儿童通常从这个“贡献”的含义去体会“生产”的意思。人是因为吃了某种东西才怀孕的，之后再从肠子里面“生产”出来，这是孩子们对性的理解。

憋住粪便不轻易排出体外的本来目的在于刺激肛门区，以获得一种快感，即自慰的目的。我们可以用这一点来解释精神衰弱的人经常便秘的原因。几乎所有神经症患者都有着奇怪的排便习惯和方式，他们像保护秘密似的，小心翼翼地保留着这个习惯和方式。从这里，我们可以看到肛门区的重要意义。

当孩子更大一点儿时，有一种自慰行为是非常常见的，即他们由于发自内心的或者由于外阴瘙痒而情不自禁地用手指去刺激肛门，从而达到快感的满足。

二、生殖区的活动

生殖区作为身体的一个快感区，在儿童时期是不占重要地位的，并且跟早期的性感受也没有什么关系，可是它在人生理成熟之后却有着举足轻重的作用。不论男女，这一部位都是排尿的地方，男的是阳具，女的是阴蒂。以男人来举例，其阳具总是被一个薄膜囊袋包裹着，从而受到分泌物的刺激也是非常容易的，这就是儿童在早些时候就容易被激起性兴奋的原因。

这个快感区的活动是真正的性器官的活动，也就是今后所发展的正常的性生活。

生殖器所在位置的特殊性，在进行沐浴或者擦拭等活动，或者其他的意外刺激时（如夜间蛲虫从肛门爬出，误闯入女孩的阴部），都极易刺激到这个部位。身体这一部分的愉快感觉，往往在幼儿吃奶的时候就已经发现了，所以，每当刺激这部位时，往往就唤起了人们希望重复这种快感的欲望。假如我们仔细观察会发现，不管我们努力清洁幼儿还是放任自流，最后都会出现一样的结果。由此我们确认，这是自然本身的意志。这个快感区在将来性生活中的重要地位，就是由这种人人都经历的幼儿自慰来奠定的。在预备活动中，手的接触摩擦和大腿的闭合造成一定的压力，而这种对本能压力的反作用是消除刺激和带来满足的方式。大腿的闭合适用于女孩，方式比较原始；男孩则比较喜欢前一种方式，这意味着男孩在成熟之后，习惯用手来进行自慰活动，从而消除性冲动的紧张感，手对他们来说非常重要（我们可以看到手淫的禁令虽然已经被废除，但是其影响还是很大，这一点我们可以从成年后男孩手淫的各种花招中看出来）。

三、儿童手淫的第二期

一般来说，幼儿的自慰时间是比较短的，有的可能持续到青春期，可是这种情况，在文明社会常常被认为是怪异的，并且要受到鄙视。在育婴期过去后的某一段童年时光里，性的活动很可能复苏，但它在持续一段时间之后，由于外界的禁止就会停止；当然，有时也会不受干扰地永远持续下去。总的来说，我们只有通过分析个别案例才能全面了解这些情况，因为各种可能性是非常复杂的。但是，无论如何，第二期性活动的重要性却不容忽视，其详细情况会在一个人的记忆中留下难以磨灭的印象。它往往决定着一个人的性格，甚至决定着一个人在青春期之后患神经症的症状。可是，这一阶段的性发展常常不被记得。其实，这模糊的记忆只不过是经过转移之后所作的伪装。我之前就认为，幼儿期的性活动影响着正常人对幼儿期完全遗忘的情况。通过精神分析学，我们可以让已经遗忘的东西重现在意识当中，由此来达到消除由潜意识精神因素造成的强迫性行为。

四、重现幼儿手淫

童年时期会对婴儿期的性兴奋进行重现，使之发展为一种自发的、需要自慰来满足的瘙痒感，或者表现为像遗精一样的过程。这种过程不必非得经过实际的动作来得到满足，就像成年人的遗精一样，是一种发泄方式。长大后的女孩多有这种情况，其原因还不是很清楚，但研究发现，这些孩子都曾有过早期主动手淫的行为。但这一阶段，由于生殖系统还没有完全成熟，所以表现并不明显，几乎全部问题都表现在泌尿系统上面——因为其和生殖系统紧紧相邻。除了因为癫痫症之外，差不多所有的所谓膀胱障碍都含有性的意味，都有着一种类似遗精的机制，例如小孩夜晚遗尿等。

关于性活动再现的内因和外因，我们通过神经症状形成的过程和精神分析的研究可以有了较为准确的认识。内在原因暂留到以后讨论，而外因，我们现在可以得出这样的结论：这一阶段所出现的偶然的外在原因，往往会对一个人产生重大而持久的影响，其中，诱导的影响是最重要的外因。我们把未成熟的儿童当作性对象看，在某种情形下，小孩也能得到满足的方法，并情不自禁地通过对生殖区刺激这种自慰的方式来获得快感。成人或者其他小孩的教唆可能是导致这种影响的重要因素。在分析关于歇斯底里症的形成原因时，我觉得我对这件事的重要程度估计并不过高。只是那时我太强调在性内涵发展中受引诱的作用，因为当时我还不知道正常人在童年期也可能经历过相似的经历。现在显而易见，他人的引诱并不是唤醒一个儿童性生活的必要原因，因为，随着他自己内在的发展，这种觉醒可能自动爆发出来。

五、性变态的多样化

在“诱导”的作用下，非常容易造成儿童多种性变态现象的发生，进而导致他们的性活动成了变态行为，这是值得我们注意的一点。这是儿童本身就有适应这一切的潜力的表现。由于像羞耻心、厌恶感、道德感等阻碍性变态的精神堤防那时还没有建立起来，有些还正在形成的过程中，当然这些堤防是会随着儿童年龄的增长而逐渐加强的，所以，它们对性变态行为往往只有很小的阻力。关于这一方面，儿童和天真的女性具有较大的相似性，他们大多有一种多方面的性变态趋向。这样的女人一般是有属于正常性生活范畴的，可假如有其他人的诱惑，她也可以在任何一种性变态行为里感受到快乐，由此，我们可以把这种反常行为暂时认为也属于正常的性生活。另外，我们还可以从妓女的职业性活动中看到这种多种形态或幼儿的趋向。我们发现，很多妓女，包括许多表面正经，而实际很风骚的女人都有这种情形，由此，我们无法不正视这种性变态现象，并且可以肯定，这种倾向是普遍存在于人性当中的。

六、部分冲动

除上述所说之外，将一切性变态都认为是诱导作用的影响，这既妨碍我们对它的深入研究，也对澄清性冲动原始的关系起不到任何作用。因为，它先为幼儿提供了得到性对象的机会，可是，幼儿的性行为还没有开始追求它的性对象。我们可以肯定的是，虽然幼儿性生活多控制于自己的快感区范围内，但从刚开始，他仍然是将他人看作是性对象的，例如视淫症、暴露冲动、虐待冲动等，大都是到后来才慢慢和性生活联系在一起的，开始时和快感区并没有什么紧密的联系。

确实，这些现象在幼儿期是和快感区毫无关系的，但一般也会有比较突出的迹象。小孩和大人不一样的地方在于，他们特别喜欢裸露自己的身体，尤其是性器官，因为他们不知道什么是羞耻。另外，还有一种想看别人阴部的好奇心，这也是和欲望相反的性变态行为。这要等到幼儿长大一点儿，羞耻心渐渐形成，至十分强烈的时候才会开始出现这种好奇心。视淫症这种性变态现象，在经过诱导之后，可能会在儿童性生活中占有比较重要的地位。但是，我现在认识到，这种视淫冲动不是必须依靠外力的，它很可能是自然地发展的儿童的一种性行为。这是我对某些正常人和部分神经症患者的童年生活研究之后得出的结果。

假如儿童开始对自己的性器官感兴趣，就会很容易顺着这条路发展，通常以自淫的形式表现出来。假如没有外界影响，他就可能变得非常关注他的小伙伴的性器官。因为他只有在别人大小便时可以看到性器官，所以，这些小孩就开始十分热衷于观看别人排尿与排便，患上偷窥症。这种倾向虽然以后会遭受压制，可是对他们来说，这仍然是一种非常诱人的欲望，他们渴望看到同性或者异性的性器官，这就是某些神经症患者症状的主要表现。

在幼儿中，其性本能中的残酷和快感区的性活动毫无关联。那种克制自己的约束力还没有发展完全，所以，常常会因为过分玩弄他人而伤害到他人，即同情心还未发展，这是儿童性情比较残酷的一个原因。尽管人们还没有对这种冲动详细分析过，不过，我们可以假设，是征服的冲动导致了这种残酷的倾向，因为它在性器官还没有发育完全时就出现在性生活当中，并在一段时间里控制了性生活。我们将这段时间称为“性器官前期”。我们可以推测，那些倾向于虐待小动物和其他伙伴的儿童很可能在幼年经历过非常强烈的性快感区的感受。总的来说，快感区的活动是儿童所有性冲动的最基本的活动。假如没有同情心阻挡，那种在儿童期表现出来的性冲动和残酷倾向便有可能一直延续到成人，这是十分危险的。

卢梭的《忏悔录》一经发表，每个教育家就都知道，惩罚儿童臀部是一种被动性残酷行为的色情根源（也是被虐症）。他们指出，坚决禁止鞭打和体罚孩子身体的这部分，因为，假如孩子长期在这种文化环境中，很容易误导孩子的原欲走向歧途，关于对教育孩子的这点认识是非常正确的。

第六节　幼儿期性欲研究

一、好奇心

一般来说，幼儿性生活最初出现在三到五岁这段时间，这也是幼儿探索求知欲开始萌动的时期。这种求知欲的活动部分是由于掠夺欲的高级形式，另一方面也可能来自视淫癖，它既不是原始本能，也不能完全归因于性活动，但它和性活动还是有着十分密切的关系。从精神分析学角度看，幼儿好奇心发生时间早、强度大，这明显是受到性问题的吸引而被唤醒。

二、关于狮身人面兽的谜团

理论上的热情并不能就此促使幼儿喜欢探索活动，只有实际的兴趣才有如此大的魔力。刚刚出生或者就要出生的弟弟妹妹忽然要影响到他在家庭中的地位，这让他顿时恐惧不安，因为害怕失去被关注和呵护的感觉，从而开始思考并积极做些行动。相对于男女之间的差别，当孩子从睡梦中醒来想到的第一个疑惑就是，小孩是从哪里出来的？这对他们来说很重要。实际上，底比斯关于狮身人面兽的猜想也是这样的问题，虽然几经改编，但是其本来目的犹然可见。通常情况下，幼儿毫不犹豫地就认识到了异性存在的事实，但男孩会认为所有的人都和他一样，具有一个类似的性器官，他不知道也无法想象有人会和他不一样，没有这个东西。

三、阉割情结（Castration complex）和阳具羡慕（Penis envy）

可是，当一个男孩发现自己原来的想法是错误的，并不是所有的人都具有和他一样的性器官时，他内心会受到无比巨大的震撼。面对这种事实，刚开始他会十分抵触并进行反抗，可是面对事实，他无法不接受，当然，这期间必须经过严重的内心挣扎，即所谓的阉割情绪才会承认。而对女孩来说，也会产生“阉割情结”，即由于自己没有像男性一样的阳具而产生一种心理替代现象，在性变态机制形成的过程当中，这种“替代”机制起着非常重要的作用（不论男女，在幼儿时期最初都曾认为男女是一样的，具有阳具，并且会因为阉割而失去。而男性对女性的永远的鄙视，则是从男性得知女性天生就没有阳具的时候开始的）。

在生物学观点来看，女性的阴蒂是和男性的阳具具有类似功能的，是一样的。幼儿虽然对生物学的理论一无所知，但在他的世界理论中认为每一个人都和他一样具有男性的性具器官阳具。当他们发现事实不是这样，男孩和女孩拥有不同的性器官时，小男孩首先是拒绝承认，而后极力挣扎后接受。而小女孩则马上接受这一事实，并随之产生羡慕的感情，这种感情越积越多，她开始希望自己变成男孩。

四、生育理论

大多数人在青春期之前，都曾对“婴孩是从哪里来的”这一问题感到十分困惑，并极力想把它搞清楚，这在他们的脑海里留下了深深的印象。当时他们所寻找到的答案各式各样，有的说小孩是从胸廓中跳出来的，有的说从胳肢窝下钻出来的，有的说从肚脐眼里挤出来的，千奇百怪。当然，我们若不是通过研究，那么对小时候所进行的这些探索活动早已经模糊了。那时我们认为，一个人是因为吃了特殊的食物，所以才会怀孕，然后小孩就像大便一样产生出来了，这一切就像童话中讲述的那样。幼儿期的理论让我们想到动物界通用的构造法则，尤其是那些比哺乳动物种类低一级的动物，它们都还保留着泄殖腔。

五、性交中的虐待倾向

成人有时候非常直接地把性行为暴露在天真无邪的儿童面前，因为他们认为小孩纯真的思想里绝不会明白关于性的事情，所以有时候就无所顾忌。可是在小孩眼里，大人的这种性行为让他们觉得，这样做只不过是一种带有欺负和虐待性质的行为，这种印象深深地扎根在小孩心里。通过精神分析实践，性目的转移到虐待方向的倾向和幼儿期的印象不无关系。另外，小孩有时候还会揣摩性行为的真正含义，这对他们幼小的心灵来说，就等于是在猜想婚姻的意味。在他们的理解来说，性行为是和大小便功能关系十分紧密的问题。

六、幼儿探讨失败的必然性

通常来说，由于幼儿的天真无知，在没有任何人指导而完全自己摸索的情况下，他们对性理论的探讨总是出现各种令人捧腹的结论。可是，从客观角度来看，这已经很不容易了，因为他们对性过程的了解已完全超出了他们父母的想象。小孩能看出母亲怀孕了，也知道该如何解释。对于外面流传的“鹳鸟送子”的故事，他们在内心埋藏着深深的疑惑。可是他们无论如何不能懂得，男性精液的受精功能和小孩身上还没有发育完全的女性生殖器存在的意义。因此，小孩的设想和推理常常还是一无所知，没什么结果，这对他们的求知欲来说是一个巨大的挫折。幼儿自出生后，对性的探讨是他们自己单独进行的一件事，这是他们走向独立自主、自力更生的第一步。此前，他们完全相信于环境和周围，而此后，他们再次看世界时，往往会产生一种强烈的疏离和孤独感。

第七节　性组织的发展过程

对幼儿期性生活的特点，我们总结如下：

1.由于它总是在自己身上寻找快感对象，所以从根本上来说，是一种“自体享受”。

2.它的所有“部分冲动”虽然致力于同一个目的——求取快乐，但是又各自独立，互不影响。所有正常的性生活所进行的性活动的目的都是为了繁衍子孙，在这过程当中寻求快乐的感受，所有的“部分冲动”不再分离，而是统辖于一个最重要的快感区，形成一个强有力的性组织系统，最后实现向外界性对象求取性的结果。

一、性器官前期组织

在研究性发展过程当中，精神分析法遇到了种种阻碍和困难。我们发现，部分冲动各有各的满足方式，它们共同组成了性体系中最为原始的阶段，可这一阶段在最后看来完全是多余的。这一发展阶段一般都会顺利通过，最后只留下微乎其微的印记，所以，我们只有在病态的例子当中才能发现活跃的它们。

所谓性器官的前期，是指在生殖区还未发展成主角时的性生活组织体系。我们通过对远古时代动物祖先的观察发现这种表现形式常见的有两种：

第一，口欲是性器官的一种前期体系，即它具有吞食同类的性质。在这一时期，性活动和摄取营养的活动是一起的，两性还没有开始有差异，两方面的对象可以相互混同，其性目的是将对象合并到自己体内。在后面的同化作用中，这种原型扮演了重要的精神角色。我们可以从吮吸指头这一行动中看出一点点残迹。到吮吸指头的阶段，性活动已经开始将身体的一部分替代外在的对象了，性活动渐渐与摄取食物分道扬镳。亚伯拉罕（Abraham）在论文中曾详述过有关这一时期在成人神经症患者身上的残迹，后来，他在另一篇论文中，又将口欲期和“虐待—肛门期”分为两个阶段。

第二，虐待性的肛门性性欲体系建立是性器官前期的另一种表现。在这期间，两性已经有明显不同，但仍然仅限于“主动”和“被动”两种，而后面性生活中明显的两性差别，此时还没有表现出来。这时是由“支配冲动”来调配性活动的，并依靠全身肌肉来完成，肠道的黏膜快感成为被动的性目的。两性各自有其不同的追求对象。另外，一些自慰形式的“部分冲动”也存在其中。总体来说，性欲在这一时期虽然还未能为繁殖后代服务，但是两极分化及外部的性对象已经都存在了。

二、矛盾心理

性生活的大部分很可能由上面所说的性体系一直支配，并持续终身。关于这点，确实是远古印象遗迹的论点，虐待症的出现和肛门区所起到的类似泄殖腔的作用等都能证明，另外，它还有另外一个特征，即类似成对而又相反行动的出现，布留拉（Bleuler）将之称为“矛盾心理”是很确切的。

通过对神经症进行分析，我们提出了性生活范围内存在着一段性器官前期的设想，这并不是凭空想象，而是依据事实作出的大胆猜测。毫无疑问，我们可以确定，随着精神分析法的发展，我们对正常性功能的结构和发展的研究也会更加深入。

关于儿童性生活，我们需要补充一点，儿童期不仅有对性对象的选择，而且这种选择和青春期情形大体相同。儿童模仿青春期性生活的最佳途径是，选择一个固定对象，并把一切关于性的追求瞄准这个人，希望在他那里实现性的目的，当然，儿童期和青春期对性的选择并不完全相同。因为，儿童还没有发育完全，各种“部分冲动”在这个阶段并不能完全服从于生殖区。生殖区支配一切活动方便繁衍后代的情况实际上是性发展过程的最后一步。

我们对此的认识在1923年之后发生了一些变化，我们认为在儿童发展了这两个性器官前期体系之后，还有一个性器官期，这是第三个阶段。这个阶段也只有一种性对象，性行为在一定程度上也是集中的。和性成熟的最后体系不同的是，它只认识男性性器官这一种，故可称之为“男性生殖期体系”。亚伯拉罕的理论体系中，认为在胚胎期性器官还没有分化，两性还处于相同阶段时，可以看作是这个体系的生物学原型。

三、性对象选择的两个时期

在一般情况下，对象选择可以分为两个时期或叫作两次跨越。第一次跨越大概在三到五岁之间，当到达潜伏期时，便突然中止或者慢慢消失，性目的完全是儿童式的。而第二次的跨越从青春期开始，它将决定性生活的明确形式。

对象的选择在潜伏期的阻挡下通常分为两次，最终的结果，尤其是病态的结果与这种选择情形有着很大关系。所以，儿童对象选择的结果通常意义重大。它们或者一直保存下来，或者在潜伏期潜伏一段时间，在青春期重新凸显。可是，潜抑作用在这两个时期也渐渐形成，导致它们不能在青春期发展，它们的性目的便逐渐没那么强烈，仅仅形成性生活中的柔情蜜意。通过精神分析我们发现，那些年代长久、不再起作用的原始儿童期的部分行动，全部隐藏在这些例如荣耀感、敬重等柔情之后。青春期的对象选择必须压倒儿童期冲动所指对象，形成情感型对象。这种原始行动和情感型情思的不能匹配，导致性生活并不能达到所有欲望都融入一个单一性对象的理想状态。

第八节　幼儿期性欲的来源

经过认真分析研究，关于性行为的来源，我们可以有一些结论：1.性兴奋来自一种可导致满足的模仿，这种模仿是伴随着其他机体功能而出现的；2.性兴奋通过对边缘快感区的刺激而产生；3.性兴奋是某种我们还不清楚其来源的冲动的表现（如偷窥冲动、残酷冲动）。我们一般通过两个方面研究，来了解性兴奋永不枯竭的能源动力：一方面是用精神分析法诱导成年人回忆童年时代；另一方面则是通过对儿童现场观察然后分析研究。第二种方法的不足在于，我们非常有可能对观察到的情况作出错误的解释。而精神分析法的缺陷在于，通常需要费很大周折才能得到一个结论或者目的。这两种方法各有所长也各有所短，我们在研究时要将两种方法结合起来，从而更好地加快我们对问题的认识。

通过快感区的研究我们发现，快感区只是皮肤中最敏感的部位而已。敏感区其实在我们整个体表都或多或少地存在着，所以我们大可不必对一些沾染了色情意味的普通感觉作用而大惊小怪。值得我们了解的是，对于温度的感觉有助于我们研究温水浴的医疗效果。

一、机械性兴奋

我们研究当人体做机械式的规律性摇动时所产生的性兴奋的情况，这种摇动通常会起到以下三种作用：1.对平衡神经即第八脑神经前的部分感觉器官的作用；2.对皮肤的作用；3.对肌肉、关节等深层部分的作用。这些作用激发的性兴奋是非常愉悦的。这里，我想补充一点，暂时我们还只能用“性兴奋”“性满足”这类名词来指称，今后还需继续研究关于它们的精确解释。儿童通常喜欢让大人来回摇晃他，或者让大人将其抛到半空中，有过一次就希望有第二次，并希望多来几次，其实这些动作里包含了被动的性动作，儿童的喜欢说明这种机械性的刺激确实能给他们带来快感（有些人对此尚有一丝模糊记忆，当他们被摇晃时，能感觉到性器官和空气的接触，这能给他们带来一种无以言说的性快感）。

众所周知，当婴儿哭闹的时候，我们可以摇动摇篮让他尽快安静并进入梦乡：当儿童稍微大一些时，马车或者火车的摇晃让他们流连忘返，以致每个小男孩都曾希望长大当司机或者车夫，至少在他们人生当中的某一阶段有过这样的念头。他们对那些与铁路相关的活动和消息十分关注，有时候让别人觉得无法理解，在青春期前的一段时间，他们总是以这个为中心，充满幻想的脑海里，对这些东西产生微妙的性象征。这种节奏感致使他们产生一种愉悦的感觉，这是他们将火车旅游和性生活相联系起来的主要原因。随着年龄长大，潜抑作用也开始发挥作用，所以，孩子们无数童年的爱好开始慢慢变为厌恶。例如，同一个人，在青春期和成熟之后，如若受到摇晃或者旋转，常常会恶心、呕吐；坐火车也会让他们感到疲劳，甚至一上车就会产生一种莫名其妙的焦躁感。人们将这种症状称为顽固的“火车恐惧症”。总之，他们不希望那种痛苦的感受再次出现。

对这种机械摇动的害怕通常和歇斯底里症式的创伤性神经症同时表现出来，这些事实的原因目前我们还不甚清楚，但和上面的例子非常符合。由此，我们可以推测，患者之所以受不了一点点足以变为性兴奋的外来刺激，是因为原来就累积了过多的性兴奋，假如强行对他进行刺激，那么只能导致一个后果，即其性机能陷入混乱状态。

二、肌肉活动

儿童需要较为激烈的肌肉活动，这是一个不争的事实，当他的这种需要得到满足，他就会感到十分高兴。这种快感和性活动到底有没有关系，其中是否包含着性满足或者可以导致性兴奋，曾经有人对这些问题进行过批评式的讨论。也有人认为被动动作中的快感也包括性的成分。但事实究竟是什么样的呢？很多人都承认，他们是在和小伙伴们打架、玩耍或者摔跤的时候感受到性器官的第一次兴奋。

确实，当小伙伴们玩耍时，全身肌肉要紧张用力，同时还要和对方进行皮肤的接触和摩擦，也许这是导致性兴奋的一个原因。一个孩子假如很喜欢和另一个小孩比力气，这就如同他长大成年后喜欢和某个异性斗嘴一样，这个人是他的对象选择。正所谓“恨之愈深，爱之愈切”，从肌肉活动中的性兴奋，我们找到了虐待冲动的一个原因。一个人长大后其解决性冲动的方式，受到他们童年期打架时和性兴奋关系的影响，换句话说，在他长大后解决性冲动时，也倾向于用类似于“打架”的方式来解决（一些心理病症病例的分析表明，运动的欢乐中包含着性的意味。现代教育家依据这个原理，希望通过竞赛性的运动来转移年轻人的性冲动，或者说，这些年轻人以运动的乐趣取代了性的享乐，使性活动回归了到自体享受的阶段）。

三、情感过程

目前，对儿童性兴奋的其他来源争论和疑问并不多。经过现场观察和事后的不断研究，我们可以归纳出这样的观点：所有比较强烈的情感过程，包括恐惧和惊讶等，都与性活动有关系。这个发现对我们进一步了解情感的病态性质有非常大的帮助。在学校上学的孩子一般对考试有一种恐惧心理，有时对做练习也存在畏难情绪，当这种压力超过他们的承受能力时，就会表现出各种不正常的行为：和同学老师关系恶化，还有性方面的难堪，因为他们往往在一种兴奋感觉的驱动下去触摸性器官，甚至会产生一种像遗精一样的过程，进而陷入一种比较难堪的情形当中。

教师们对学生们的这种性行为往往感到不可理解，这确实应当从儿童刚开始产生性欲的方面认真分析和了解。不少人有这样的体会，一些兴奋的因素包含在像害怕、恐惧、战栗等痛苦的情感当中，因此我们可以理解很多人愿意去经历这种感受的原因了。当然，要体验这些感受一般要在特定的条件下进行，而一种安全“距离”（如阅读时的幻想、在戏院里看戏等）是经历这种感受的主要条件，在安全“距离”中，那种要求受到痛苦的感觉可以受到抑制。我们可以推测，在上面的情况中，有一种以强烈的痛楚感为目的色情意义，这也是导致虐待和被虐待的根本原因。对正常人来说，这种意图一般只能在轻微的痛楚中得到满足，或者通过小说、电影情节在想象中发泄一下。

四、智力活动

智力活动是最后一种导致性兴奋的活动。不论年长或者年幼，若将精力集中于智力的活动上也可以造成性兴奋，但大多数情况下还是年轻人居多。用这个理论我们可以解释生活中常见的现象：一个“用脑过度”的人常常会神经紧张。

在这篇讨论的最后，如果我们盘点一下引发幼儿性兴奋的各种原因，我们可以从上述材料中得到这样一些通用规则：通过许多证据证明，这种性质还不清楚的性兴奋过程必须通过动作才能实现。皮肤及感觉器官对兴奋的感受支持这一规则，身体中最容易兴奋和反应最快的部分就是快感区。但要根据刺激的性质来决定性兴奋到底是谁的来源，当然，刺激的强弱或者说痛楚的程度也起着非常重要的作用。另外，对于身体的很多生理活动来说，如果它们达到相当的水平，也同样会附带引起性兴奋。性兴奋的内部来源，或者说这些内在来源和快感区的各个方面导致了我们所说的性活动中的“部分冲动”，人体内无论哪一种重要机能，都有可能在形成性冲动中起到一定的积极作用。

现在，我还不能认为我的观点完全正确，因为有下面两种因素影响：一是这还是比较新的研究方法，以前没有过；二是我们还不了解性兴奋的实质。即使如此，我还是要提这两个方面，因为这两个方面将来肯定会有不小的发展。

五、多种多样的性构造

通过对快感区进行分析后，我们发现，性构造可能本身就是多种多样的，同样，这一点和性兴奋的间接来源也具有类似性。我们可以假设，虽然不同的性兴奋的来源对每个个体都起到一定的作用，可是并不一定要性构造的每一个因素，在全部人身上有同样的强度。不同的人的发展过程都应该有不同的趋向（经过研讨，我们可以确定：每个人都有口腔快感、肛门快感、尿道快感等，但是和它们相对应的心理方面的特殊性，并不一定是不正常的或者有心理疾病的。我们区分正常和反常的根据仅仅在于性本能各成分在发展过程中参与程度的强弱来定）。

六、反向影响

假如我们放弃常用的称呼，不再使用“性兴奋的来源”这个词的话，我们可以推出这样的结论：一切从身体其他功能引到性活动的路线或者通道，那么它的反方向也是可以走通的。例如嘴唇，因为吃饭和性满足两种功能都存在，这就使得性满足可以通过摄取食物来实现；逆向来说，这个区域的性功能如果有了障碍，那么也会干扰到吃东西。根据这个道理，我们明白了注意力集中会造成性兴奋，而性兴奋的程度又会影响人的注意力这样一个问题。其他一些不属于性的身体功能的紊乱常常是神经症的表现，从这些紊乱中我们多半能追溯到性过程的错乱。所以，原来是控制性兴奋产生的反方向影响导致了那些不清晰、貌似不可理解的症状。清楚了这个道理，那么那些不可理解的症状就不再神秘了。

此外，性的紊乱也会妨碍到身体的其他功能。在正常人身上，这种途径还有其他任务，经过这个途径，性动机的力量被引出性目的之外，那么性欲的升华才得以完成。关于这一途径，我们不能不承认，除了知道其存在及其双向的可延展性之外，其他的我们还不清楚。

·第三章·

青春期的变化

幼儿的性活动等到青春期便会发生一些变化，最终变成正常的形式。前面讲过，青春期之前的性冲动大都属于“自体享受”，而到青春期之后，从外部寻找性对象成了性冲动的目的。之前，各个局部冲动都在单枪匹马地战斗，各快感区也各行其道地在其自己的性目的中寻找快乐，而现在，一个全新的性目的出现了——生殖目的，这需要各个局部冲动联合起来去寻求和实现，在这一目的的推动下，生殖区开始统治各快感区并为其服务。这时，由于男性和女性的新的性目的差异分化，两性的性发展开始各奔前程。男性的性发展因为其前后发展具有顺承的一致性，相对容易了解，而女性则有时表现出退化的形式，这了解起来相对复杂。现在，我们要像挖山洞一样两面开工，从性对象和性目的两个方面来分析研究性生活。

对男性来说，其新的性目的并不和以前的性目的背道而驰，它仍然可以通过性产物的释放来得到快感。实际上，整个性过程的最后阶段，或者最后的动作都能带来深深的愉悦感。这时，延续子孙的功能决定了性冲动的发展，一切都以之为中心，或者我们可以说，这时的性冲动已经完全是“利他”性质的了。当然，这种成功的变化主要是同它原来总倾向一致的缘故，导致它和其中包含的全部“部分冲动”在性质上具有相似性。同样，这个事实和其他情况也一样，如果新的关系和新的构造需要复杂的机制去完成和适应，而新的秩序却不能及时而完善地构建起来，就容易发生病态的紊乱。由此，性发展过程中遭受的抑制都可以导致性生活中病态的错乱。

第一节　生殖区的主导性和前期快感

从上述分析中我们可以清晰地了解整个性发展过程的主流和最后目的，但其中发生的一些转变，我们现在对很多疑问还不能作出明确的解释。

在幼儿的潜伏期里，外生殖器的成长在相当长的时间里是受到压抑的，这我们都清楚。而一到青春期，外生殖器就有了明显的发育，这是青春期最明显和最典型的发展过程。与之同步的是，内生殖器这时也得到了发育，达到了一定的成熟程度，足够产生或承受性的产物，最终形成新的生命。在一段时间里，这个复杂的器官是无所事事的，它一直在期待着那还没有到来的机会。

根据观察，性器官可以通过刺激而产生兴奋，有三种来源可以产生这种刺激：1.经过我们所了解的那些性感区从外部世界传导给它；2.通过我们还不清楚的内在有机世界的运行机制产生；3.通过积淀着外来印象和承受着内在刺激的精神世界来传导。这三个方面的刺激最终都会导致同样的结果，即形成一种包括精神和身体上产生显著变化的兴奋状态，这是一种“性兴奋”的特殊状态。表现在精神上是一种奇特的和非常迫切的紧张感。在身体指标上，变化最明显的则是性器官，它随时可以准备进行性交活动，这种兴奋状态也可以说是做爱准备的阶段，具体表现为男性生殖器的勃起和女性阴道润滑液的分泌。

一、性紧张

为什么随着性兴奋会产生性紧张，现在心理学家对这个问题并没有统一的说法，这个问题现在还没有得到解决，但是其在解释性的过程中具有非常重要的作用。我认为，这种紧张感或多或少都有一种不愉快的影子，因为，这种感觉本身一定会导致一种想要改变其精神状态的行动，表现为烦躁不安，这显然非常不符合通常所说的性快感的特点。可是，如果我们把性兴奋的紧张感看作一种不愉快的感觉，那么我们会得到与之相反的事实：性行为最终会给人一种非常愉快的感受。那么，我们可以这么说，性兴奋在带来紧张感的同时也会带来愉悦感，即使性器官还是处在性行为的准备阶段，如阳具勃起的状态，那么它也会有显著的满足感相伴随。可是，我们想问，这种不愉快的紧张感和这种愉快的感觉到底是什么关系呢？

当今心理学研究中最薄弱的地方就是关于快感和痛感的问题，我们现在要尽力避免牵扯到整个结构，最好就事论事。我们首先来回忆一下，那些旧的快感区是怎样开始适应新的秩序的。在孩子性兴奋的准备阶段时，各快感区就已经被分配了重要任务了。例如眼睛，它本来和对象离得最远，但是它却常常在追逐对象时发挥着最为重要的作用。一种被人称为"美"的特质从性对象身上发散出来，这吸引着眼睛去追逐，而这种存在于对象身上、能吸引眼睛去看的奇妙性质可以叫作"吸引力"。吸引力一方面引发性快感；另一方面则挑起性兴奋，唤醒处在沉睡状态的性激动。

另外，像手的抚摸等对其他快感区的刺激也有异曲同工之妙。一方面引起性行为准备阶段的各种变化，引起更大的快感；另一方面则不断地增加性紧张的程度。如果这种快感不能持续出现，就会变为一种非常明显的不愉快感。我们还可以通过另一种情况来说明，假设女人的乳房被人抚摸，但这个快感区还未达到性兴奋的状态，但它被抚摸的动作本身也是一种快感，同时，它又唤醒了性兴奋，从而希望得到更多的快感。那么，前一种快感为什么就能引发需求更多性快感的欲望呢？这是我们真正要研究的问题。

二、前期快感的形成机制

上面的例子所得出的结论是具有普遍性的，它适合于一切情况，快感区所承担的任务是相当明确的。首先是快感区自己的激动会造成一定程度的快感，然后这种快感增加了紧张的感觉，紧张感必然会引起特定能量的、能够完成性行为的动能。性行为的最后一步就是由一个快感区达到一定的激动程度之后才完成的，开始是阳具的龟头即生殖区本身，在阴道黏膜这个最适合它的对象刺激下产生激动，然后通过这个激动产生快感，随后通过反射产生行动力，最后在行动力的作用下将精液排出体外。这最后一种快感和先前的各种快感的发生机制明显不同，它完全是一种经过排泄而达到的快感满足，达到一种如痴如醉、飘飘欲仙的境地，由此原欲的紧张感就彻底消失了。

对这两种不同的快感，我们有必要赋予不同的名称来区别，前一种经由快感区的激动叫作前期快感，后一种由排泄精液而得到最后满足的快感叫作终极快感。前期快感和幼儿期性冲动的快感大致相同，但是幅度相对不大；而终极快感则是伴随青春期的变化，后来才出现的。我们可以用公式化的语言来表达终极快感的形成：即终极快感是幼儿期所取得的前期快感形式的不断累积，最终在最后的性行为中得到的更大的满足和快感，前期快感形式都是在为终极快感服务和积累。近日，我在另一个非常不同的精神生活的部分，发现了与上面相类似的情景，少量的快感可以引发更大的快感。我们也可以在这个领域中继续研究快感的性质。

三、前期快感存在的危险

但前期快感和儿童生活之间可能出现的病态关系也会随之加强。有一种危险是确实存在的，即前期快感赖以存在的表达机制严重威胁着正常的性目的，在性行为的预备期的任何时段，不论前期快感是带来过多的快感还是造成过少的紧张感，都会发生问题。实验证明，如果这一快感区或者说“部分冲动”，在儿童期已带来了非常强烈的快感，就会非常容易发生这种危险。如果再有其他的一些对它固定起作用的因素，那么儿童长大后，那种阻止前期快感转向终极快感的强迫性行为就会发生。许多性变态行为的机制就是这样形成的，停留于性行为的某一预备动作上而止步不前，这是它们的明显表现。

如果早在儿童期就能认识到生殖区的重要性，就能避免因为前期快感而造成的性机制功能失败。这件事情的形成比较适合于从八岁到青春期的童年后半段，这个年龄，生殖区的表现已和成人差不多了，如果这时通过性感区的满足体会到某种形式的快感，那么它们就是激动的感觉和性行为预备期发生变化的地方。而唯一不同的是，它们的性过程并不能继续，其结果仍然是漫无目的的。其实在儿童期，除了这种快感外，一定程度的性紧张也已出现，但由于情况比较少，我们不容易见到。所以，在讨论性欲的起源时，我们能非常理直气壮地说，这个过程本身就是性满足和性兴奋的混合体。或许大家早已明白，在我们开始探讨性的真相时，就已经把儿童和成年人的生活作了明确的分离。可是，我们现在需要对此作出一些调整，即儿童性欲既表现在偏离正轨的人的性生活里，同时也表现在正常人身上。

第二节　关于性兴奋的问题

目前我们还没有分析性紧张感的来源和性质，它经常是与快感区满足同时出现的（德文中“Lust”一词解释为带给人满足，同时引起更大程度的性紧张，形象描绘了性兴奋时的情形，这是值得我们思考的一点。“Lust”一般具有两种意思，一是性的紧张感，一是性的满足感）。有人说这种紧张感是经由某种方式来自快感自身，我认为这种说法是非常肤浅的，因为在排出精液的那种快感中，紧张感不但不会产生，而且可以消除一切紧张。这意味着，快感和性紧张的关系不是直接的，所以上述说法不仅不可能出现，而且没有道理。

一、性物质的作用

一般情况下，性兴奋的中止是通过释放精液来实现的，这是唯一一种方式。此外，性紧张和产物间还有一些别的基本关系。对禁欲者来说，梦境是性活动的唯一表现方式，这种性活动也可以释放出性物质从而带来快感，虽然每次发泄的时间不固定，但是也可以预料。积累而未能释放的精液，是造成这种性紧张的原因，最后它通过梦这种间接方式发泄出来。性欲是可以消除的这件事，同样说明了这种情况：假如没有精液积蓄，那么不仅性行为不能实现，甚至连快感区的激动状态也会消失。这意味着，即便经过适度刺激，那么也不再能带来快感。梦遗机制的上述事实看似非常有道理，由此我们可以得出，一定程度的性紧张或者物质积聚，是刺激快感区必不可少的因素。

通过上述分析，大多数人会明白，正是由于性物质的积聚才产生和维持了性紧张。因为积聚的性产物压迫着储存器的器壁，从而刺激了脊椎中枢，脊椎中枢将这种紧张状态继续向上传递，最后被最高级的神经中枢感觉到，形成意识上通常的紧张感。只有各快感区先通过生理上的通路和神经中枢相联系，才有可能造成快感区激动导致性紧张增加，这是唯一的途径。各快感区大大增加着激动的强度，若再加上一些性紧张，那么性行为的特殊动作就此产生，如果性紧张还没有达到引起性行为的程度，就只能增加刺激性物质。

克拉夫特·伊宾在描绘性过程时也赞同这种理论，但这种人人都很信服的理论其实也并不是那么完美的，其弱点在于：它只适用于说明成年人的性活动，而包括儿童、妇女和被阉割的男性这三种特殊情况是不能用这种理论来解释的，因为，我们在这三种人身上无法找到男人特有的精液的积聚。在这些人中，各快感区仍然是臣服于生殖区的统一调度的，可我们没有办法用性产物的积聚来解释这个问题。

二、内生殖器的重要性

通过阉割后的男性例子我们可以知道，性兴奋的产生在很大程度上和性物质的产生没有关系。他们的原欲通常并没有被阉割手术伤害而保留着，即使在手术后，还仍然存在摧毁欲望的行为。对此，我们完全没有必要感到奇怪，因为，在里格尔看来，男性的性心理不会产生新的变化，如果这种阉割发生在男性成年之后。这就是说，性腺和性欲没有关系，男人被阉割的情况和女性割除卵巢的情况是一样，这又一次证明了我们之前所说的观点，即性腺的割除并不能消除心理的性特征。但是，如果要想达到上面的目的，那么可以通过在青春期之前性心理非常微弱的时代进行阉割，这种情况是因为伴随着性腺的消失，很多其他一些抑制性心理发展的因素会发生作用，从而导致性心理的消失。

三、化学理论

通过实验，我们看到了解决性兴奋起源问题的一丝光明，即通过割除脊椎动物的性腺，如睾丸或卵巢，以及对这类性器官实施种种移植手术的动物实验。有些人如E. Steninach已经通过这种实验改变了动物的雌雄，并且随着肉体的变化，使它们的心理性别也发生了改变。通过实验证明，在性腺中影响性特征的力量是从那些“青春腺”的间隙细胞的分泌中产生的，而不存在于产生精子或卵子的地方。也许在未来会研究发现，这种青春腺的分泌物也是两性的。虽然，它们不一定是体内唯一能生产这种促成性兴奋即性特征区别的器官，但由此会证明高等动物的双性理论是有着解剖学的基础的，并且这种新发现和我们熟悉的甲状腺对性的作用具有相似性。我们可以认为，性腺的间隙组织会产生一种特殊的化学物质，通过血液传播，对中枢神经系统某一特定部位产生影响，引起紧张感。我们通常在某些错入人体的毒素的作用中可以看到，这种“毒性”刺激仅表现在某一特定部位的变化。

实际上，仅从理论角度来说，那些导向性过程的单纯毒素或生理性刺激也远远超过了我们的能力。我并不是偏袒这种假说，我从中要用的是它的根本精神，或者说，只取其要受化学变化的影响这个事实。拥有这一点，我们就可以更合理地解释这种现象。我知道，现在有一个非常重要但是鲜为人知的事实对这种化学理论有帮助：那些对咖啡或者其他东西成瘾的人，当他们中毒或者突然戒掉时表现出的症状，和因为性生活受到干扰而导致发病的神经症患者表现出来的征兆有着非常多的相似性。

第三节　原欲理论

为了理解性生活的心理表现，我们提出了一种辅助性概念，即“原欲”（Libido），这和认为性兴奋有化学基础的理论遥相呼应。我们将一种与生俱来的来自潜意识的力量称为原欲，它能测定性兴奋领域内的不同阶段及这些阶段的变态表现。我认为，由于其来源和属于哪种心理过程不同，原欲也是千差万别的，既有量的差别，也有质的不同。

为了表述下面这样一种假设，我们将原欲从其他心理能量中分离出来：机体性活动是通过特殊的化学变化过程来获得营养的，除了性部位造成的性兴奋，全身各器官也是性兴奋的源泉。由此，我们可以建立起一种原欲量子概念，并将其在心理中的表现称之为“自我原欲”（Ego—libido）。我们观察到的性心理现象就可以通过自我原欲的产生、增多、分配和转移，来作出合理和令人信服的解释。

可是，假如精神分析的研究要想最后探明这种自我原欲的情况，只有当“心理能”投注到性对象上面，并变为“对象原欲”时才能实现。那样，我们看到的是它聚集或者固定在对象上，或者离开这些对象转而投向另一些对象上的情况，也就是说，心理能化为个人性生活的状态。这时，原欲本身先“隐退”或部分“转移”。我们可以通过对“转移型神经症”进行分析，从而得到关于这方面的启示。

另外，“对象原欲”则会离开对象，在一段时间内通过一种紧张力的方式表现自己，然后重新回到自我之中，再次变成自我原欲。自我原欲也叫“自恋原欲”（Narcissistic—libido），和“对象原欲”相区别。在精神分析学界，想探索“自恋原欲”的终极问题还是比较难的，现在无人做到，我们力所能及的，是在其边缘试探性地了解“自恋原欲”的活动，并推想二者的关系。我认为，自恋原欲是一个巨大的储藏间，能量从这里投掷或发出去，最终仍然回到这里。这种对自我的投资，是从童年时期就已经存在的一种原始状态，之后则因为原欲的持续发散，这种自我投资的现象便被掩盖起来，积压到了欲望的最底层。

为了用“原欲”这一简单的词汇去描述一切可见的现象和可知的过程，我们才假设了这套原欲理论，用它来解释神经症和精神病的病态情况。我们可以看到，自我原欲的原始或者注定的倾向在这里起了非常重要的作用，用它甚至可以解释那些更深刻或更严重的精神病态。但现在也存在一个问题，那就是精神分析法现在只能为对象原欲的“变型”提供一些相对准确的信息，但还不能将自我原欲从复杂的能源中独立剥离出来，所以，现在我还只能依赖推测来构架原欲理论。如果谁想用荣格（C.G.Jung）的方法简化原欲的概念，使之和精神本能的整体完全契合，那么精神分析观察所得的一切成果将毁于一日。

前面我论述过，因为性功能有与众不同的化学基础，所以才允许我把性本能的兴奋从其他精神活动中分离出来，这样，“原欲”的概念就可以得以保存比较狭窄的意义，而不被无限制地扩大。

第四节　异性之间的分化

大家都知道，从青春期开始，男性和女性之间开始有了明显区分，最主要的就是性特征的分化。实际上，早在婴儿期，男性和女性在天性方面的差别就已经非常明显了。例如害羞、厌恶、同情等性抑制，女孩就比男孩要早体现，并且其受阻碍的程度也相对小一些。性潜抑倾向在女孩身上表现更突出，性的“部分冲动”也多以被动的形式表现出来。但是，不论男孩还是女孩，快感区的自体享受活动都存在，并无多大差别。正是由于二者之间的共同之处，我们无法断言，性的分化在青春期前的儿童时代就已经开始。我们认为，在自体享受和自慰式的性表现方面，女孩的性活动呈现出的是男孩的风格。实际上，我们若仔细思考一下“男性的”和“女性的”这两个词的准确内涵，就会发现，原欲在男性和女性身上都只表现出男性的一种形式，而只有原欲的性对象才有男性和女性的区别。

大多数人对男性和女性区别的认识，感觉是非常明确的，可是在科学领域，这个问题却始终十分混乱。大致说来它们可以表达三种含义：第一，表示主动和被动；第二表示性别上生物学的含义；第三则表示一种社会学上的意义。

通常来讲，第一种既是社会上认为最重要和最基本的一种，也是心理分析学最普遍认同的一种。例如，书中说到的“欲”是男性时，就是说它的主动性，说它在追逐被动性目标时也是这样的。

最容易理解的是第二种，生物学上的“男性”和“女性”的含义，精子和卵子，及它们各自不同的功能，决定了个体的性别。主动性和类似强有力的肌肉、侵略性、更强烈的原欲等这些和主动性有关的各种现象，通常和生物学角度的男性有关，但这种关系是可以改变的，因为在某些动物中主动者不是男性而是女性。

第三种所谓的社会学意义上的男性和女性，是在实地观察男女个体之后所得出的结论。通过这种观察，我们发现一个人不论从心理学还是生物学的角度看，都不可能是单纯的男性或者女性，因为在每个人身上都可以发现两性的特征，即是主动和被动的统一体。

一、两性不同的主导快感区

我这里补充一点，和男性的阳具相类似，女性的主要快感区在阴蒂（clitoris）。我们所看到的女孩的自慰行为，基本上都和阴蒂相关，而和其他一些外生殖器没有关系，虽然这些外生殖器对以后的性功能有着重要的作用。女孩在进行手淫时都是阴蒂手淫，除此之外基本上不能再诱导她们去做别的，当然，极少数例外情况除外。阴蒂部位的痉挛是女性身上偶然的性兴奋的惯常表现方式。由于阴蒂的经常勃起，女孩即使不用特殊关照，也能正确理解男性的性表现，她们只需要通过对自己性过程中的特殊感受来推测男性就可以了。

我们只有先弄清楚引发女孩阴蒂激动的来源，才能真正了解一个女孩是如何变成女人的。众所周知，在青春期阶段，男孩的原欲会得到显著的发展，可是，在这一阶段，女孩的性潜抑却进一步加强，这一点在阴蒂性活动方面表现最为突出，并且在这种潜抑作用之下，女孩身上的男性特征（人开始都是男性的）也逐渐减少。青春期阶段，潜抑作用在女孩身上表现为强化的性压抑，在男孩身上表现为原欲的进一步被刺激，能量也不断增加。伴随着男性原欲的加强，其对性的估价也逐渐增高，而女性拒绝的态度和对性欲存在的否定，更加让男性对女性的高度估价，这就形成了男性对女性的追求现象。但是，假如女性性行为一旦发生，那么最先激动起来的是阴蒂。通过阴蒂，这种激动传到与之紧邻的女性性器官上面，打个比方说，就好比一小堆随时都能被引燃的干树枝要引起硬木的燃烧一样。

当然，在这期间，毫无经验的新娘完全没有感觉，因为要转移这种刺激还是需要一段时间的。如果阴蒂区不情愿放弃这种激动的状态，那么新娘没有感觉到阶段就要持续较长一段时间，这通常是因为婴儿期性活动过度的原因。

大家都知道，女性的性冷淡通常是表面的和局部的，她们的阴道对刺激感受不明显，可是阴蒂和其他的快感区却是非常激动的。生理因素、精神因素甚至潜抑作用的影响都会导致性冷淡。如若性感的激动很快传到阴道上面，那么这将彻底改变女性性活动的首要区。相对男性来说，男孩从幼儿到成年自始至终都不会有这种改变。由于女性性活动首要区的转换和青春期的潜抑作用，导致女性非常容易得神经症，尤其是歇斯底里症。这种情况和女性的性有着极大的关系。

第五节　寻找性对象

青春期确立了生殖区的首要性。从此以后，男人所有的勃起的阳具便非常迫切希望穿过能够刺激他生殖区的“空洞”，而指向新的性目的。并且，他从幼儿期就做的准备工作——寻找性对象，到现在也在心理上成熟了。在最开始，性满足和汲取营养的活动还未分化时，其性本能就指向母亲的乳房这个婴儿体外的性对象。但随着婴儿长大，当他知道能使他得到满足的性对象是另一个人的器官时，其性本能就没有了性对象。所以，性本能开始变成“自体享受”，故将吃奶的婴儿作为所有爱恋关系的原型也就不足为怪了。他和性对象关系的重新建立，要等到这个潜抑期过去之后。这之后的寻求对象只不过是重新发现这种爱恋关系。

通过精神分析学，我们发现有两种寻求对象的方法，一种是依赖性的或者是类似于执着于婴儿期的原型对象的执着性的；另一种是自恋性的，就是要在人群里寻找另一个我，这种方法极易导致病态。文中所讲的第一种和后面的没有关系。

一、婴儿期的性对象

可以确定，那种最原始的和最具有威力的性关系仍然会一直存在，即使在性行为和摄取营养的活动分离之后也不会改变。它总是推动选择对象，重新建立起失去的那种和对象结合的快乐。在整个潜伏期中，儿童都在学习如何去爱一些人，对那些能满足他们要求并能帮助他们从失望中走出来的人表示爱意，从现在看来，这只不过是原始性感模式的一种延续——吮吸母亲乳房的延续。一些人认为，这种将儿童对照顾者的爱恋和尊敬看成是性爱的做法是非常不合情理的，但假如通过精神分析学分析，这是可以证明的。

婴儿性的激动和快感区的满足都和照顾他的人有着非常密切的联系。一般来说，总是母亲来照顾婴儿，母亲总是抚摸、摇晃、亲吻自己的婴儿，她明显把孩子当作了一个完整的性对象，这种感情源于她本身的性爱。母亲所有的爱抚行为都十分纯洁，但她不知道她所有认为的这种正常的爱抚行为都会激发孩子的性本能，并在日后加强这种性本能，这令母亲在知道后感到无比的愧疚。她虽然尽量避免碰到婴儿的性器官，但是，由于性本能并不是只有刺激生殖区才会引发，很多人们认为的和性爱无关的动作，将来也会影响到生殖区的感受。母亲完全没必要对之愧疚或者深感自责，因为她只不过是发挥了她的本能，履行了她的职责，教给孩子怎样去爱。当她了解到这些知识，了解到性本能在孩子整个心智发展过程中，包括道德和精神方面的重要作用时，她就可以释然了。

无论如何，一个小孩如是一个性欲旺盛的健康男人，那么他一生中，任何刺激都可能激起他性的行动。另外，我们说对孩子的过分溺爱会导致他的性早熟，因为这些生长在蜜罐中的孩子，得到了太多的宠爱和关注，他没有办法接受失去或者减少爱抚，即使长大也需要足够的爱来陪伴。小孩对父母的爱永不满足，这就导致他今后非常有可能患上神经症。反之，相比正常父母来说，具有病态心理的父母也表现出过分情爱的倾向，这同样会使孩子患上神经症。换句话说，孩子很容易从患神经症的父母那里得到同样的影响，从而也患上神经症，因为这种传递是非常便捷的，甚至比遗传还要容易进行。

二、幼儿的焦虑

对儿童来说，小时候对照顾他们的人非常依赖，并且表现出好像知道这

种依赖有性爱的意味一样。儿童由于特别害怕失去自己所爱的人，所以会感到焦虑不安，也会对陌生人感到恐惧。但如果他们拉着亲人的手，那么即使在黑暗当中，他们也不会感觉到丝毫的恐惧。一些人常常说孩子胆子小是因为保姆讲了妖怪和吸血鬼的故事，从而责怪保姆，其实这完全高估了这种故事的效果。因为，能被鬼怪故事吓住的小孩，是因为其本身就具有胆小的倾向，而一般小孩听了这种故事是毫无反应的。听了故事而变得胆小的孩子，大都是因为平时受到过多的抚爱、性本能过分增强、发育过早而难以得到满足的孩子。

小孩和大人在这一点上是非常相似的，他们表现出不安和焦虑是因为他们的原欲不能得到满足。反过来说，成人在原欲不能得到满足时也会表现出像孩子一样的焦虑不安，一个人时就会感到害怕。换句话说就是，当他和所爱的人分开时，就会感到失去了安全感，这时他需要通过另一种方式来缓解这种恐惧，于是就表现出孩子气的一面。

我从一个三岁小男孩那里得到了关于“幼儿不安”的启示：小男孩在黑暗的屋子中大声说：“姑姑，你说话呀，屋子太黑，我害怕！”他姑姑回答：“但你看不到我有什么用？”小男孩说：“不是这样的，只要你说话，我就不觉得黑了。”

从这段对话里可以看出，小男孩害怕的不是黑暗，而是他爱的人不在身边，他心里非常清楚，只要能确定他爱的人就在附近，那么他就不害怕了，心里就会踏实。精神分析学通过这个故事认识到，是原欲导致了神经症的焦躁不安，可以说这种表现是原欲的产物，二者就像醋和酒的关系。我在《精神分析引论》第二十五章中对这个问题进行了探讨，但是也并没有得到十分明确的结论。

三、乱伦的防线

从上述我们可以知道，父母对孩子的溺爱很有可能过早地唤醒孩子的性本能，换句话说就是，在青春期尚未到来之时就激起性的欲望，导致心神不宁，并通过生殖系统表现出来。假如孩子侥幸绕过这一环节，那么他长大之后将会在柔情的指导下选择对象。儿童选择性对象的捷径毫无疑问会以他童年时代原欲爱恋对象为对象，这是非常具体和微妙的。由于通常延迟的性成熟，所以，他们还有充足的时间去构建起防止乱伦的堤防，包括其他一些对性实施抑制的途径；这种选择活动自然而然地就形成了血亲不可以通奸的道德准则。由此，他就将他童年所爱恋的人排除在外，从而在其他对象中进行选择。

从根本来看，这种对防止乱伦的堤防的建立，是社会所必需的一种文明要求。反之，就会使家庭的关系过分亲密，从而阻碍更高级社会单位的形成。所以，社会中的每个人，尤其是处于青春期的男孩，都会尽其所能，尽量疏远他和家庭之间的关系，而这种家庭关系在童年时期是唯一的并且时刻都不能脱离的关系。

和其他道德禁忌一样，这种阻止乱伦的防线可以说是人类发展史上的一项伟大成就，它经过世代传承，成为与生俱来的天性。但通过精神分析发现，个人往往很难抵抗这种乱伦的诱惑，他们经常幻想甚至在实际中去跨越这道防线。

年轻人的全部性生活都沉浸在毫无约束的幻想当中，这些幻想基本上都很难实现，所以对年轻人来说，那种最原始的对象选择，也只是在他们的幻想中出现过。在这些幻想中，儿童时代的各种倾向都会反复地出现，但这时因为已经有了肉欲的参与，和儿童期已经有所不同了。孩子对双亲的性冲动是这些倾向中最重要的，他们根据不同的性别开始迷恋自己的父亲或母亲，并受到吸引，即儿子多喜欢母亲，女儿则多爱恋父亲。只有慢慢克服并放弃这种显而易见的乱伦幻想，孩子才脱离父母的管制，最终完成青春期最重要和最痛苦的精神历程。这件事情的发生，上下两代之间才形成真正的对立，对文明的发展来说，这个历程具有极其重要的作用。

当然，其中也存在有些人因为受到阻碍而停滞不前，在人类经历的每个阶段都有这样的情况出现。如在这一阶段，一些人不能从父母的管制中独立出来，那么只能非常不愿意地、战战兢兢地消除对父母的情爱，有些人则完全不取消这种感情，尤其是女孩在这方面表现得较为突出。女孩在青春期之后，仍然会对父母保留着幼儿期的爱的方式，这让父母非常有成就和满足感，可是，一直这样的话，这个女孩在结婚后常常不是一个非常称职的妻子，她们往往认为两性性交是无足轻重的，表现出一种性冷淡。所以，性爱和父母的单纯的爱来源具有同一性，只不过性爱是将幼儿期的原欲转移到了人体的某些特定部位而已。

随着观察研究病态性心理发展的深入，乱伦式的对象选择也更加凸显了其重要性。那些一方面非常渴望情爱，而同时又过分害怕性生活的真正需求的神经症患者女孩，由于“放弃”了性，其“寻找对象”的“心—性”活动全部或者绝大部分都埋藏在潜意识当中，她们便只能在性生活中实现其“非性爱情理念”，或者，把自己的原欲埋藏于一种免于自责的情爱后，即将自己的生命完全依附在儿童期的爱恋上。在青春期，这种对父母或者兄弟姐妹的爱恋开始复苏。用精神分析的理论来说，她们实际上是正在和自己的亲人恋爱，因为，精神分析已经对她们潜意识中的思想有了细致的了解，这种潜意识的东西又转换成了意识的东西。同理，当一个健康的人因为失恋而生病，也可以用这种道理来解释，就是说原欲退回到了他幼儿期所依恋的对象上来了。

四、幼儿对象选择的后效果

一个人在幼儿期可以非常侥幸地跳过原始性欲向乱伦方面的倾向，但是想完全摆脱其影响却是不可能的。生活中，一个年轻男性喜欢上一个富有成熟风韵的女人，或者，一个女孩在无意识当中渐渐迷恋上一个事业有成、有权力的老人，这种情况也是很常见的，显而易见，这是我们上面所分析的那种阶段发展过程的延续和扩展。实际上，他们选择的这些对象，或多或少都有他们父母的影子，虽然有的不明显，但这种原型对他们对象的选择造成了很大影响。

由于母亲的形象在男孩成长过程中的深远影响，其在对象选择过程当中，总是寻找和母亲有某种形似的女性，可是，如若母亲仍然健在，就会对这个替代她的人充满了挑剔的眼神，甚至是敌视状态。可见，儿童和父母之间的关系，会对他今后对象的选择起着决定性的作用，如果干扰或者损害了这种关系，那么当他长大后，其性生活也会由此受到严重的影响。包括情人的嫉妒心理，也可以从他幼年的情况找到原因，或者至少是因为受到幼年经验的强化。由此我们可以解释有些人在性发展中发生错乱，甚至患上神经症，很可能是因为父母之间常常发生口角，或者他们的婚姻非常不愉快。

在孩子心中，幼儿对父母的情爱是最重要的内容，直到青春期，这种情爱重新苏醒，并指导他选择性对象的倾向。但是影响其性对象选择的因素不止这一个，还有其他也同样来自童年经验的一些因素，所以，他的性发展并不指向唯一一个方向，而是非常复杂的（人类的情欲生活是非常复杂的，若不追溯到童年的经验，恋爱时那种情不自禁的性质是非常难以理解的）。

五、性颠倒的提前防范

众所周知，一般所要选择的性对象都是指向异性的，这是非常基础的一点。但实际上，并不是所有的性选择都会指向异性，这个过程的实现并没那么容易。通常情况下，在青春期，初次行动很容易迷失方向，但一般不会造成非常严重的后果。在1894年，德索（Max Dessoir）曾指出，孩子在青春期非常容易和同性成为感情伴侣，这种观点是毫无疑问的。但是唯有来自异性性特征的相互吸引，才能抵制性对象的这种颠倒性的强大力量。

这里，我们不想去说明这件事，但是需要明确的是，如果仅仅依赖这样一个原因完全无法消除性颠倒，社会性的权威禁忌是其他因素中最为重要的一点。我们在容许性颠倒存在的地方，可以发现非常多的人具有这种倾向。

除此之外，还有一种强大的力量引导男性去接近女性，那就是幼儿期受到母亲或者其他女性的照顾，使他们在日后的生活中总是念念不忘、铭记于心；他们早年的性活动由于总是受到父母的阻拦，导致一种竞争关系在他和父亲之间形成，也使他们开始疏远同性。

当然，这两种情况在女孩这里也是适用的。由于女孩各种活动，包括性活动总是在母亲的监视之下，使她产生一种敌对情绪，正是这种因素影响，她们在今后的对象选择上，开始倾向于异性，走向正常的方向。男孩如果是在男老师的教育下（古代，奴隶也充当老师的角色），那么导致同性恋的风险就会大大增加。现在，那些贵族男性有性颠倒倾向，很可能是因为家中男仆过多，而母亲对其照顾不周导致的。

通过观察研究一些歇斯底里症患者，我们发现，如果一个孩子由于父母婚姻破裂、分居或者早亡而成为单亲孩子的话，那么他全部的爱情只能被剩下的一方吸收，从而影响到孩子长大后对性对象的选择，即期望是同性，最后造成了长久的性颠倒现象。

第六节　总结

经过以上论述，我们在此作个总结。关于性变态现象，我们从性本能的对象和目的方面进行了研究，主要为了弄明白这种变态现象的原因，到底是由于先天倾向还是后天经验。通过精神分析法，我们了解了不少有点异常的神经症患者的性本能状态，这对解决上面的问题是非常有帮助的。在稍微异常神经症患者的潜意识中，我们发现了其具有的性变态倾向，通过证明，这种性变态倾向就是导致神经症的主要原因。

所以，我们可以推出这样的结论，即神经症是性变态的另一种表现形式或是负面表现。由于这种性变态现象广泛存在于所有人身上，所以，我们可以说，性变态是人类性本能中最基本和最普遍的倾向，人在不断发育成熟的过程当中，性行为若要想正常发展，必须且只有经过机体的变化和精神的压制。通过这些，我们希望能在儿童身上找到这种事实存在的趋向。我们上面指出过例如羞耻感、厌恶、怜悯、社会所建立起来的道德规范和各种权威力量等，这些都限制着性本能的发展方向。

如此一来，所有脱离常态的性变异，我们都可以把它看成是整个性发展的中断和幼稚病。一方面，性变态虽然有各自不同的形态，但是它们和真实生活的影响力之间并不是截然对立的，二者是相辅相成的关系；另一方面，既然这些根本癖性是复杂的混合，那么性本能也就应看成是多种因素的汇集。可是，这些因素在性变态现象中又一一分离，呈现出独立的状态。所以，我们可以说性变态一方面是正常发展的中断，另一方面是正常本能的分裂。综上所述，幼儿期的各种行动都是造成成年人性本能反应的根源，这多种行动组织合并起来之后，又会形成一个新的单一目的。

性变态倾向在神经症患者中占据主流地位，我们明确这点之后，又证实了当这种倾向的主流被阻止后是如何发展的，“潜意识作用”是阻挡作用的主要因素，阻碍作用发生后这种主流就导向旁道形成了病态的症状。

我们发现，否定幼儿性本能的存在，并将他们的性表现看作是异常或者少见的，都是非常错误的，是完全脱离实际的。通过研究发现，幼儿性活动的根本因素是先天的，当他们还是婴儿在摄取营养的时候就已经享受到了性满足，后来他们不断重复体验这种满足，即通过吮吸手指等动作来实现，从两岁到五岁是这种活动的繁盛期，但是后来，幼儿在其他身体功能不断成长发育的同时，性活动并没有得到同步发展，而是进入到了一个潜伏期。这期间，性兴奋虽然仍在继续，并不断积累能量，可是，这一阶段的主要目的是为了实现性以外的目的，即一方面社会性情感的因素不断渗入性认识当中；另一方面，建立起今后用来防止性欲发展的防线，这主要通过潜抑作用和反向作用来实现。由此我们可以知道，在幼儿时代，性本能要向哪方面发展的力量就已经奠定了坚实的基础，日后，在社会教育下放弃反常性行为，从而走向正规，真正得以完成。在幼儿期的性行为中，有的可能不经过这些而呈现出性活动的形式。

除此之外，我们还发现了幼儿性兴奋有多种来源，而从快感区的适当兴奋中得到满足是最多也是最主要的来源。其实，快感区不是特定的，任何部位的皮肤或者任何感觉器官都有可能是快感区，只是有些比较敏感，轻微刺激即会通过某种机制兴奋起来。机体的许多活动达到一定程度时就会产生性兴奋，特别是那种带有不论痛苦还是快乐的强烈感情因素的机体活动，更容易引起性兴奋。因此，在幼儿时代，其性本能还没有和性对象相结合，这时也还没有性对象，那么自体享受就是性兴奋的主要特点。

一个不争的事实是，早在童年时代，生殖区快感就已经有所流露了。它常常通过两种方式表现出来，一种是在适当的感性刺激之下获得满足，这和其他快感区没什么区别；另一种我们还不清楚它的方式，但是通过类似一种特殊渠道联系，同时造成快感区性兴奋的方式来获得满足。目前，我们还不能很好地解释性满足和性刺激域、生殖区和性欲的其他来源之间的关系。

神经症的研究表明，性本能各种成分的聚合，在儿童性生活刚刚萌动的时候就已经开始了。最初，口唇快感起着主要作用；在第二个性器官前期，性本能各成分聚合的特征表现为肛门快感和虐待癖的出现；在到达第三期的时候，真正的生殖区参与其中，性生活最后定型。令人惊异的是，在这之后，我们发现，在两岁到五岁幼儿期性生活阶段，他们就已经开始选择性对象了，并且所有的心智活动基本上全部参与其中。由此看来，性活动在这一阶段的发展对以后形成确权的性体系具有前期准备和先导作用，虽然这时性本能的各成分还没有汇集，性目的也不明确，但这并不妨碍其前期预备。

我们需要注意的是，潜伏期把人类的性发展分成了两个阶段，在我看来，这是人类文明发展的必要条件，可这同时也引发了一定的神经症倾向。据我研究，这种现象并没有发生在人类的动物近亲中，由此可以推测，人类的这种特点很可能是从人类刚刚起源的史前期出现的。

在幼儿期，到底有多少性活动是正常范围内的，将来不会威胁到性生活的发展，这我们还不得而知。幼儿的性表现基本上都具有自慰的性质，实验表明，儿童性本能的各种性变态现象，是由于外在的各种影响和诱惑作用下，造成的潜伏期中断或者停止造成的。由此我们得出，所有类似早熟的性活动，都会降低儿童的可塑性。

尽管关于幼儿期性生活的知识还存在很多疑点，知识体系尚未完整，但是，之后的研究也需要继续进行，青春期到来后会造成什么样变化这值得我们探索。在我看来，在青春期有两件事情是非常关键的：一是一切性兴奋的其他来源都开始服从于首要的生殖区；二是开始踏上了寻找性对象的征程。其实在幼儿期，这两件事情就有所萌动，前者是通过“前期快感”机制才完成的。这意味着，以前性兴奋和满足差不多都是自体内部的，而现在开始变成了一种预备性动作，即为达到新的性目的——排出性产物而进行的。新的性目的的形成，将会带来巨大的快感，使性兴奋消失。

之后，我们对性欲中男性和女性的分化进行了分析，我们发现，女孩必须经过青春期的潜抑作用，扔掉幼儿的男性性特征，逐渐突出其首要的生殖区才能变成一个真正的女人。在选择性对象方面，幼儿对父母或者照顾者的依恋决定着其最后的选择倾向，这种力量在幼儿期一直潜伏，而到青春期重新复发，但是，已经建立起来的防止乱伦的防线，这使得他们的父母或者照顾者不能成为其性对象，于是，他们就会选择和父母、照顾者相类似的人。最后，我们说明一点，在青春期这个中间阶段，肉体和精神的发展并不是同步进行的，水平也并不一致，直到一天，强烈的情欲行动震撼了生殖器的神经系统，情欲功能的身心发展两方面才真正合为一体，走上正轨。

一、阻止性正常发展的因素

在性发展的漫长过程中，每一步都可能受到阻止或固定。我们在前面已经多次说过，各种力量在会聚时的任何一点儿差错，都可能会导致性本能的全部崩溃。下面我们要分别评判阻碍发展的各种外在因素和内在因素，分析它们到底是如何造成伤害的。对所列举的因素进行一一的评判，这需要一定的不畏艰难的勇气，虽然它们并不都是非常重要，但是我们依然要做这项工作。

二、机体和遗传

具有“先天性”的变态机体是我们首先要考虑的，一般来说，“先天性”也是最重要的因素，可现在我们并不能清楚地了解，因为我们只能通过对患者日常的表现去观察和推测这一途径来了解原来的情况。综合来看，可能是因为性兴奋的多种来源中有一两种特别强化的原因，才导致了这种变态。可是，这种趋向不均衡的情况在正常人身上也是存在着的。从这里我们可以知道，很可能存在一种因素能直接导致这种异常性生活的形成，但这种因素却完全不受其他因素的影响。我们可以将这种生活称为“变质性”的生活。

我对由遗传而导致的“变质性”非常有感触，因为，在我治疗过的严重歇斯底里症和强迫症的神经症患者中，绝大多数人的父母在婚前有过梅毒史，甚至有的还得过脊髓痨或全身麻痹症，有的则患过病毒。当然，我们首先要明白一点，梅毒本身是不会遗传的，我们在那些后来患神经症的孩子身上看不出一点儿有遗传父母的梅毒的征兆，这种病能遗传的唯一特质就是他们变异的机体。我并不是说子女形成神经症体质肯定是由于有患梅毒症的父母，可是，我觉得，这层关系绝非偶然，也不应被我们忽视。

由于患者不愿意接受调查，所以一般人并不清楚性变态的遗传情况。可我们经常看到，神经症患者和性变态患者常常生活在同一个家庭当中，所以我们对将神经症方面的情况应用到性变态情况上去的做法是非常自信的。这种病症在男性和女性的分布上也呈现出十分奇特的现象，假如一个家庭当中，有一个或几个男人得了“正面的”性变态症，那么，这个家庭当中的女人肯定会在她先天的性潜抑倾向作用下，变成“负面的”性变态者，即歇斯底里症患者。通过这个例子，我们可以断定，有一种必然的联系存在于这两种病症之间。

三、后天影响

换个角度看，我们也不能同意有些人的看法——当构成性生活的各种体质因素一形成，就立刻决定了性生活的样式。我认为，这种情况下，那种种制约着“性”的力量依旧会发展，并且每种力量都构成性欲的分支，其强大和减弱都会产生直接影响，通常最后的结果是由这些后天的影响决定的。那些大体相似的体质最后也可能会出现非常悬殊的结果，这主要是受到下面三种后天因素的影响。

（一）压抑作用

在发展过程中，如果压抑作用深刻制约了这种先天性倾向，尽管这种先天性倾向非常强大，但肯定会导致完全不同的结果。由此，兴奋由于在精神上受到了阻碍，虽然仍表现出往常的样子，但是却不能达到最后的结果，那么只能分流，通过病态的形式表现出来。当然，这种不正常是心理上的，从有限的角度来说，其性生活并不会偏离常规的轨道。

通过精神分析法，我们已经对这种神经症有了清楚的了解。这种人的性生活开始和性变态患者非常相似，早在幼儿阶段，他们就已经有了性变态行为，有的还持续到成年之后。到青春期，或者稍微晚些时候，因为某种内在原因，压抑作用开始发挥作用，于是性行为受到了阻碍，此后，性变态状态便被神经症所取代，可仍然保留着显著的性冲动。这种情况可以用一句不恰当的俗语来表达：“年轻的妓女变成了老尼姑。”只是，这里“青春”的时间太短暂了。综上可见，神经症可以取代性变态这一事实让我们看到，神经症是性变态的负面，这和我们上面说到的“在同一个家庭中，性变态和神经症可以同时出现在不同性别的家庭成员身上”的事实是一样的。

（二）升华作用

升华作用是先天病态倾向发展的第二种影响，这种作用可以为强烈的激动找到一个发泄口，从而对其他方面起到作用，这样使一种原本具有威胁性的倾向，变成一种能大幅度提高精神工作效率的有效因素。我们从这里可以得到艺术创作的源泉。通过对升华作用全面或部分的分析，对天资聪颖、富有艺术气息的人物性格分析，我们发现，高效、性变态和神经症是这种人性格的组成特征，并且这三方面是以不同比例混杂而成的。

而反向作用造成的压抑是另一种升华作用的表现，这种压抑在儿童的潜伏期时就已经表现出来了，在有利的因素下也可以持续一生。这里，我们说一个人的“性格”，大部分是有关性方面的东西，还有幼儿时期就已固定的本能，经过升华而达到的成就，再有就是其他一些用来有效防止无用的反常性冲动的东西。我们的德行很大一部分来源于幼儿期的各种奇特的性变态因素，因为这种性变态因素能通过反作用刺激德行的成长。

左拉在《生的欢乐》中讲述过一个故事，故事中的小女孩在小时候总希望得到别人的照顾，稍受冷落，就会大发脾气，表现出一种近似残酷的行为，可等她长大就大不一样了，她非常快乐无私，能毫不犹豫地为自己所爱的人牺牲全部，包括金钱和对未来的期望。左拉在当时就对人类的天性有非常敏锐的观察。

（三）性欲的释放

假如在发展中，这种异常的先天性倾向仍然保持其原先的构造关系，那么随着不断长大成熟，它就应该变得更加强化，结果也可想而知，就是反常的性生活。目前，我们还没有得到关于分析异常先天性倾向的合理结果，不过，这里有几个例子和这种解释不谋而合。

许多专家认为，性本能天生较弱是这种性变态的固定必须有的必要条件。我认为这种看法太过极端，不过我们换种说法可以更容易地看清事情的真相，作为性变态前提的生殖区先天较为脆弱，这是构成性本能的特殊部分，那么造成其他的性生活就不能臣服于它的统治之下，所以它们就各自为政，而不能为生殖功能服务。换句话说就是，青春期本应发生的各要素的聚合，在这里由于生殖区的软弱从而导致聚合现象不能发生，那么生殖区就被性欲中其他较强的部分所取代，于是形成了性变态。

四、偶然经验

潜抑作用、升华作用和性欲的释放是性发育过程中最具影响力的三大后天因素，其他的都不能与之相提并论。目前，我们还不清楚造成前两种作用机制的内在原因。有人认为，潜抑作用和升华作用或许可以看作是先天素质的一部分，或者说，只是这种素质在生活中的表现，并认为“先天体质的自然发展是性生活的最终形态”。这种说法不免偏激，因为，我们很容易看到，性的发展肯定也会受到其在童年和成年阶段经历的偶然事件的影响。我们现在还没有办法判断，在人生发展中，先天体质和后天偶然因素相比到底哪个更重要。如果仅通过理论判断，我们会认为前者重要，可是医疗实践却总是强调后者的重要意义。

对此，我们要认识到，这两者并不是相排斥的关系，而是一种相辅相成的关系。因为，先天体质需要经过具体经验的刺激才能发散出来，而偶然因素也要在先天体质的基础上才会有效果。大多数情况下，都是在两者互补的作用下发展的，即一种因素减少，那么另一种因素必然增加。当然，除此之外的极端例子也存在，我们不能就此认为是绝对的。

精神分析学的观点更加注重童年期经验造成的偶然因素，如果根据这个，我们可以将单一的病因体系划分为两种：一种是气质的（dis-positional），包括天性和偶然经验，二者会合为一种素质；另一种则是确定的（definitive），完全是日后的创伤经验，一切伤害“性”的发展，都会引起退化（regression），让人返回到早期的发展上面。

五、性早熟

性早熟在这些因素中是最明显的，它是神经症的原因之一，但是还不算根本原因。幼儿潜伏期的中断、缩短或中止都是早熟的表现，一方面由于性抑制的不完全；另一方面由于生殖系统还没有发育好，早熟的性表现总是呈现出反常和错乱的情形。这种错乱的倾向可能持续下去，也可能经过潜抑作用成为造成神经症症状的原因；但无论如何，性早熟总会导致性本能在日后更难控制，即使心智能力发展得非常高级。

另外，它还会增加性本能冲动在精神上的表现。由于性早熟通常和其他智能早熟同步进行，所以就导致一些有能力、高智商、知名度高的天才人物常常表现为性早熟。由于这种性早熟和智能同步，所以前面所出现的那种有致病危险的倾向在这里是完全不用担心的。

六、时间因素

还有一个问题也非常值得思考，和性早熟一样，其他一些因素还和发生的时间早晚有关。我们看到各种本能行动开始出现的时间是有一定顺序的，哪种本能先出现，哪种本能冲动后出现去取代它，哪种本能要经过某种强有力的潜抑作用而被消灭，各自所经历时间的长短，这些都好像在物种发生时中就早已确定了一样，按部就班地进行着。可是，在时间顺序和时间长短方面也同样存在变态现象，而这种变态也会对最终的结果起到至关重要的作用。由于潜抑作用的不可能逆转性，一种倾向和一种与之完全相反的倾向在出现顺序上是非常重要的，因为时序发生变化，就会导致完全不同的结果。

另外，那些极为强烈的本能冲动，通常不能持续很久。例如，同性恋患者在开始和异性交往时肯定是有非常强烈的冲动的。那些在童年期表现得非常强烈的感情，并不能保证一定可保持到成年人阶段，相反最后很可能消失殆尽，从而由完全相反的倾向取代。由于这可能涉及生物学甚至是历史学的问题，我们现在还不能解释发展过程中时间顺序干扰出现的原因，这有待人们继续研究。

七、早期印象的顽固性

一种精神因素决定了“性”的早期表现对人的发展具有非常重要的作用，对于这种精神因素我们暂时还不十分清楚，这能假定其是一种心理观念。在我看来，凡是后来成为神经症患者或者性变态的人，都对早期性印象非常敏感或印象深刻，这是和事实相符合的，因为，同样的早期“性表现”，其他人并没有深刻记忆，所以，他们不会情不自禁地不断重复，也不会始终放纵性本能。这种早期经验的持久性很可能取决于造成神经症的一个精神因素，而这个因素是不容忽视的：在这些人心目中，过去的记忆片段远远超过了新近的印象。

通过实验证明，这个因素显然来自心智教育，并且和个人文化水平、受教育程度成正相关；与之相反，很多人常用“存在当下的可怜人”来形容受教育不高的野蛮人。由于文明和性的发展之间存在一种反相关关系（我们现存的社会结构就是反相关关系的一个例子），在低级社会文化形态中，儿童的性生活过程并不重要，但是在高度发展的文明社会，这点是非常重要的。

八、固置作用

幼儿性欲得以发展，是由上面提到的许多精神因素和某些偶然经验的刺激构成的。偶然经验，尤其是其他孩子或成年人的引诱通常在前者的基础上，形成永远的性异常。幼儿的早期印象是很多后来性生活变态现象和神经症中偏离正常性生活的根源，当然，很多人仍然坚持幼儿在这一时期没有性欲。体质、性早熟、早期印象的持续增加和外界对性本能的刺激等都是造成这种症状的直接原因。

最后补充一点，虽然我们对性生活作了种种探究和分析，但是由于我们对构成性欲本质的生物学历程完全不知情，所以未能构建起一整套包含常态和病态情况的系统理论，其中也有很多有待改进的地方。

第二篇
关于儿童的性理论

我们可以设想一下，如果抛弃所有道德约束，假设自己是一种纯粹的思维生物，站在另一个星球来看地球，那将是一种什么样的情况？我认为，这种情况下，对地球上的一切我们都会感到惊奇，而人类男性和女性的存在则是最让人着迷的存在。从人类学的角度来说，虽然男性和女性存在非常多的共同点，但由于两性间的差别太过显而易见，即使我们粗略地扫过也会发现这些不同。

可孩子眼中的两性是什么样的呢？似乎孩子们并没有将这种事实当成出发点，因为孩子们从一出生就知道自己有爸爸、有妈妈，这些是非常自然、毋庸置疑的事情，这种态度包括对比他大一两岁的姐姐，所以，孩子刚开始对两性间的差别并不那么好奇。所以，儿童的求知欲并不是由现存的事实激发的，只有当他发现另一个刚出生的孩子时，才会在寻找自我的探索中产生求知欲，例如，当一个小孩在两岁时，他妈妈又生了一个小孩。因此，父母突然不再只关注他，而将注意力转移到这个新生儿身上，他对这种突如其来的失去父母关怀照顾的感觉十分恐惧，他能感觉到，这个新生儿将会分享他拥有的一切，于是，他将这个刚刚降生的孩子看作是“假想敌”，由此，思维能力开始大大增强。

通常，这个年龄稍长的孩子总是表现出一种公然敌对情绪，甚至通过一些过激的言论来表达他对新生儿的不欢迎态度，例如，说出“让白鹳鸟再把他叼回去吧”这种不高兴的话。在某些情况下，还会欺负和“虐待”一下这个躺在摇篮里的小东西。可是，假如父母在他们孩子十来岁的时候才再生一个孩子，这两个孩子之间年龄差距较大，那么这种幼稚的敌对情绪就没那么强烈，因为他们非常希望可以有一个陪他玩的对象，这种心理就像他们在其他地方看到玩具一样。

由于转移父母关注的新对象出现的刺激，孩子开始思考他认为的人生第一大问题，即孩子究竟是从那里来的？他可能自言自语地说：“这个讨厌的小东西从哪里跳出来的？”这是他人生遇到的第一个非常不可思议的事情，这种感觉就像各种神话故事和传奇中出现的谜语那样令他们百思不得其解。

对他们来说，这个问题和其他重要问题一样，是迫切需要回答的，就好像他们找到这个问题答案的唯一目的就是阻止今后再次发生这样的事情。此时，儿童已经可以自由和独立地进行调查研究，思维已不再受制于外部的刺激。

如果之前孩子没有受到过任何过分惊吓，那么他们会非常直接地询问父母或者保姆，因为在他们眼中，父母或保姆就像一本百科全书，什么都知道，并且从他们那里寻找答案是最直接也是最便捷的方式。不过，不用想都知道，他们通过这种途径是不可能得到答案的，长辈的回答或许模棱两可，或许责怪孩子不应该问这样的问题，或许就干脆编个故事糊弄过去。德国的父母经常会讲“小孩是鹳鸟从水里叼出来的”。可以相信，百分之八十的孩子是不满足于这种答案的，但是他们不会公然表示，只是将信将疑。

我认识一个三岁的男孩，当他从保姆那里得到这个回答之后，他便一个人偷偷爬到一个大湖岸边的城堡上去，他想弄清楚湖底究竟有没有小孩。我认识的另一个孩子也不相信这个故事，他一本正经甚至有点不屑地说：“这件事我比谁都清楚，不是鹳鸟叼来的孩子，而是苍鹭。”语气缓缓的，他非常不信任别人的答案。通过这两个例子，我们可以确定，孩子们根本就不相信大人认为编得天衣无缝的“鹳鸟说”。有过这样的一次经历，从此，孩子们便再也不相信大人的话了。孩子们隐隐感觉到，大人们对他们隐瞒了一件事情的真相，而这件事情似乎不能触碰，会犯到禁忌。他们只好自己继续暗中调查，以便解开这个谜团。

这件事情的发生，意味着他们第一次“心理冲突”的经过，在他们的本能中，他们对这个问题非常感兴趣，但是却无缘无故地被成年人拒绝，甚至批评他们过于“顽劣”或“调皮”。由于这种想法和那些成年人否定但他们自己也无法接受的观点正好相反，所以，几乎难以避免这种“心理冲突”。在这之后不久，“心理分裂”随之产生，心理中产生两种理念：一种所谓的“善”的或“好”的，它的出现标志着思维的停止，最后变成一种具有威力的意识；另一种观念由于在好奇心的驱使下，总是提供出新的证据，由于新证据的被忽视和被压制，从而变成了无意识，这就导致了那些精神病人解脱不了的重要情结。

之后，我分析了一个五岁的男孩，得到了一个新的理直气壮的证据，由此，我可以确定：孩子那非常敏锐的眼光是很容易发现母亲怀孕后的身体变化的，并且他可以不借助外力就能将母亲逐日见大的肚子和一个新生儿的诞生联系在一起。当这个男孩三岁半的时候，他的妹妹出生了，等到他四岁零九个月的时候，他竟然可以清晰地表达自己对性问题的看法了。对这种早熟的东西，父母不问他一般是不说的，一旦他的回答遭到了否定，便压抑了他对性问题的好奇心，从此就会慢慢遗忘。

所以，孩子们对性问题的看法，并不能通过鹳鸟叼来的寓言来说明。实际上他们已经独自认识到，孩子是从母亲的身体里长起来的，这得益于孩子们对动物的亲近和对动物性生活的观察，动物的性交过程是在光天化日之下的，当然，他们也早就认识到了鹳鸟故事的虚假性，早就不相信了。由此，他们一直用心思考的问题，开始沿着正确的道路逐渐解决的可能性就指日可待了；但是，由于他们自己杜撰出来的某些虚假的性理论，又阻碍了他们的正常发展而导致停滞不前。

这些虚假的性理论基本上呈现出一种奇异的特点，即虽然很荒谬，但是每种观点中有好像包含着一定的道理，这种感觉就像是大人在思考人类理性难以解决的宇宙问题时迸出的灵感火花一样。实验证明，这些理论中所包含的正确的和重要的成分，在最初就和儿童的各种性本能密切相关。换句话说就是，这样一些观点是由于性心理结构而产生的，是必然的，并不是随意的心理活动和偶然的印象产生的。所以，现在在这儿分析这些典型的儿童性理论才成为可能，也正是如此，我们才能在所有观察到性生活的儿童中发现上述性理论。

第一种这样的理论是忽视两性间的差别，这种忽略是儿童独有的注意方式，我们称之为“特殊的原始注意方式”。根据这种方式，他们认为包括女人在内的所有人都具有他身上的阳具。这在大人看来仅仅是一种正常的性器官，被孩子们认为是性活动的高级特区，是一种供“自身性欲”的“性”对象。孩子们认为这个性器官非常重要，可是他从来没有想过和他类似的人竟然可能会没有，他的这个观念深深扎在脑海里很难改变，以致影响到他对视觉的信任和判断。例如当一个小男孩看到他小妹妹的生殖器的时候，会自圆其说地反复纠正自己“妹妹并不是缺少什么，只是她的小鸡还小，当她长大了，她的小鸡也会长起来的”。

这种认为女性也有阳具的观点，甚至会持续影响到他成年，例如，在梦中，性兴奋会使他梦到和一个女人交媾，在将女人按倒在床上准备性交的那一瞬间，他会发现，一个直挺挺的阳具立在女性的生殖部位。这种梦境一般会突然中断，性兴奋也随之消失。儿童的这种性观念其实和在远古人类时期那些雌雄同体的形象是十分相似的。我们发现，一般人对这种雌雄同体的形象并没有多大的抵触情绪，可是他们无法容忍这样一个真实的人存在，那将会导致他们的极大恐慌。

如果在儿童的头脑中“固定”这种女人也有阳具的观念，就会导致他今后的生活永远这样认为，性对象身上也有一个阳具的假想。由此，如果这个男人开始过性生活，他就会将别的男人作为他的性对象，成为同性恋者。这是因为，他的身体和心理特征使他总是将男人看作女人，即使他接触到一个真正的女人，那么他也不能把这个女人当作他的性对象，因为在他看来，这个女人缺少了东西而无法吸引他。

实际上，如果他接触到另一类型的童年生活的话，这种生活肯定会让他感到非常厌恶，即一个儿童总是用手拨弄自己的阳具而获取快感，通过阴茎兴奋来支配身体活动，一旦父母或其他监护人发现他的这种行为，就会责骂，甚至威胁他要将此割掉。于是，“阉割威胁”会一直影响着这个孩子，并随着孩子的重视而愈加牢固了根基。神话和传奇故事证明了孩子这种感情变化，及对阉割相关的害怕。关于这种情节的回忆后来只会出现在偶然的场合中，当这种同性恋男子突然亲眼看到女性的生殖器官时，就会想到小时候的“阉割威胁”，并认为这是一种残疾；所以，对同性恋患者来说，女性的生殖器官对他们来说不是快乐的源泉，而是恐惧的深渊。

这种特殊反应，并不会随着他了解科学知识的程度而有所改变，因为有些科学认为儿童的上面的假设某种程度上是有道理的，即女人同样具有阳具。解剖学就曾论证，在女人身上，阴蒂是一个和男性阳具同源的性器官。生理学对女性发展过程也作了一点补充，阴蒂作为女性长不大的性器官，儿童时期，其作用和男孩的阴茎是一样的，二者有相同的行为，比如，这里很容易触碰到，也是一个容易兴奋的区域，这种兴奋使小女孩的兴奋蒙上了一层男性色彩。到了青春期，女孩要想发展身体的女性特征，那么她必须压抑这种兴奋，扔掉男性的这种性欲。相反，女人若是顽固地依恋阴蒂的兴奋，就会丧失女性的性机能，或者在交媾时没有快感，或者由于持久压抑，而完全丧失性活动能力，最终形成歇斯底里症。通过上面的事实，我们承认，这种认为女人也有阳具的儿童性理论里面也确实含有真理的成分。

在这一方面，女孩具有和男孩一样的看法这一点是非常容易发现的。从开始，她们就对男孩的身体这一特殊的部分——阴茎感到非常好奇，随着慢慢发展，这种兴趣就转变成为了一种嫉妒，因为她们没有阳具，就感到自己是被阉割过了，她们多么希望自己也像男孩一样用阳具撒尿。“我要是个男孩就好了。”这种愿望表达发自内心，其言外之意是希望补偿所缺少的东西。

对解决孩子们最初提出的问题具有决定性推动作用的是可以从阳具的勃起中获得的启示，即他们开始会认识到，小孩是从母亲身体里生出来的说法并不准确。“可是，孩子到底是从哪里来的呢？到底是谁让小孩子在妈妈的肚子里的？这件事难道和爸爸有关？他为什么也经常说肚子里的孩子也是他的？”能想到这里，这个谜团就将要解开，这件事情肯定和阳具有关，因为，每当孩子想到这种事情时，他的阳具也开始兴奋和勃起，由此更加证实了上面的猜测。伴随着兴奋的激起，孩子身上一种模糊的意识也被唤醒，他想要去做出一些动作，有时候是身体强迫性的，他想挤压、摔打甚至捅破什么东西，这让孩子不知所措。

假如孩子顺着这一思路，想到妈妈身上的阴道，爸爸可以把阳具通过妈妈的阴道而进入妈妈身体，就可以彻底明白了婴儿是怎么在妈妈身体里创造出来的。但是，这时由于儿童自己一直所持有的性观念，认为女人像男人一样也有阳具的观念阻碍了这种思路的继续，由此，这个途径到这里就走不通了。于是，过段时间，孩子就将这个问题遗忘了，更无法想到这种理论后来会被肛门性理论所排斥。当然，这些想法和疑问是不会彻底泯灭的，到后来会变成大人思考的许多问题的“原型”，可无论如何，这种初次探索的失败都会对其后来发展产生一定的影响。

孩子由于对妈妈有阴道这一事实并不清楚，这就催生他们产生了第二个儿童的性理论，那就是，婴儿在妈妈的肚子里逐渐长大，到后来要想从肚子里出来，那么只有通过肛门这个途径。所以，在孩子们的脑海里，婴儿只能通过肛门，像排泄粪便一样排泄出来。

今后，在孩子的童年时期，如果这个问题再次被思考或者被讨论到，那么他们就可能作出这样的解释：妈妈肚子里的婴儿可以让肚脐眼张开，从肚脐眼里生出来；或者就像一个寓言故事中所说的老狼生小狼的方式一样，要先把妈妈的肚子划开，然后再把婴儿取出来。孩子们通常在公众场合讲出这种观点，并且在他们的记忆里留下深刻印象，成为意识里思考的一项内容，所以，他们并不觉得这种理论有什么非常奇特的内容。这时，孩子已经完全不记得小时候曾经思考过的那种理论，同时，他们对在托儿所里公开排泄大小便的事情也毫无难为情的意思。因为，对孩子们来说，说一个人像一团粪便一样被生出来并不是贬低的说法，也不会受到鄙视，他们还未被习俗性的成见所濡染。在他们看来，这种动物性的泄殖理论同样适用于人类，并且觉得自己也是通过这种方式生产来的。

根据这种说法，那么并不是只有女人可以生孩子，这是他们的认识。因为，如果可以通过肛门来生孩子的话，包括男人在内的所有人都可以去完成。由于这个阶段，受唯一活跃的肛门性欲的影响，我们对一个男孩想象自己将来也会生个孩子的想法无须苛责，这可以说是女性化发展变态的倾向。

可是，一旦儿童到童年后半段还记得这种泄殖理论，这种情况不是没有可能，只是比较少，那么，关于“孩子从哪里来”的问题，他们就很可能作出另一种解释：一个人若吃了特别的东西，就会生小孩。这种回答听起来像是一个神话故事，和前期的回答已经截然不同。关于这一点，我们可以从精神病患者的身上看到些许理论痕迹，例如，一个神经症患者会认为他排泄的粪便是他所生的孩子，并将治疗医生领到墙角观看，高兴地说：“这是我今天生的孩子。”

有些孩子可能偶尔会看到父母进行性交的场景，由此会出现第三种典型的儿童性理论。孩子们从眼睛里看到的东西，会在脑海里形成一种对性的观念，当然这种观念是非常不系统的。因为，不管他们看到了什么，包括性爱时的位置、发出的声音或者其他性爱的动作，他们都会认为这是一种施虐行为，即“虐待性性交”。

他们亲眼看到的景象，在他们看来是强者“欺负”弱者的一种样子，就像儿童游戏中搏斗的场面（这种搏斗的场面，其中夹杂着某种性兴奋）。儿童在这种情况下能否悟到，婴儿的出生就是父母之间发生的事的必要环节，这我还不能确定。可从总体情况来看，孩子们并没有参透这一事件的实质，因为他们还是将这种性爱活动认为是一种暴力行动。

由于孩子看到了这种“施虐”行动，就会导致他们回想起他最初思考孩子来源时阳具勃起，并想做出某种暴力行动的模糊冲动。当然，由于印象中模糊的父母性交场面的激发，也可能导致他们发现性交的秘密，从而形成过早的施虐冲动。尽管孩子们对这种具体场景了解有限，并且也没有将之联想到自己的问题答案，但父母同床共眠的印象肯定会影响他的发育发展。

性理论本应作为儿童的性启蒙，但是由孩子无意间看到的“施虐性交”却把他们引入了歧途。这种“性交乃施虐”的性理论，所有人都可以从任何一个孩子的身上发现这种认识的影子，因为它本身就是性本能中一些天然因素的表现形式。施虐的过程部分地表现出性爱活动的本质，以及男女双方在性交之前的“角斗”，由此，这种施虐的概念从某种意义上来说是真实的。一般来讲，孩子由于偶然看到了性交的场景，从而才形成了这样一种概念，但对这一场面，他只理解其一，其他的部分常常是丈二和尚摸不着头脑，一头雾水。

在许多已有孩子的婚姻家庭中，妻子因为害怕再次怀孕，从而经常拒绝丈夫的拥抱和抚摸，但是当床上还未进入梦乡的孩子偷偷看到这一情形时，他认为是妈妈在极力躲避这种暴力行为。还有，一些孩子印象中父母常常因为各种事情争吵不断，甚至发展到武力解决，对这些孩子来说，父母晚上进行这种武力角斗也是非常正常的，这就如同他和他的兄弟姐妹、小伙伴们生气进行武斗时的手段是一样的。由于这些亲身经历，孩子们对性活动是“施虐”行为的认识更加根深蒂固了。假如，在第二天早上醒来，孩子惊讶地发现妈妈的床上有血，他从心里更加坚定了，这一定是爸爸妈妈在昨晚又进行了一场虐待和反虐待的斗争，其实，新鲜的血迹对成年人来说是性交活动的暂时终止，由此我们可以理解人类对“血”的恐怖缘由。因为初次性交的标志就是流血的发生，可孩子错误的认识，再次使他无法看清事实的真相。

“婚配”的本质和内容是孩子提出的另一个问题，这个问题和“孩子从哪里来的”只是间接的关系。关于这个问题的答案，常常取决于孩子对爸爸妈妈婚姻生活的偶然观察，与父母之间的愉快感受是否相一致，所以答案并不唯一。但所有答案有一个共同点，那就是婚姻首先要放弃廉耻，然后会带来愉悦的体会和满足感。我们常听到一种说法：“一个人在另一个人的身体中撒尿。”对此，还有一种表达稍微清楚和含蓄的说法：“男人将尿撒到女人的尿道中。”有些儿童甚至认为结婚就是“两个人不顾廉耻，互相给对方露出屁股”。

孩子对性问题的认识，被我们的一些父母给成功地推迟了。曾经有一个女孩已经十四岁并开始月经，可她对性的认识并不清楚，她自己看书得出一个观点：结婚就是为了混合两个人的血液。于是，考虑到她妹妹还没来月经，她就尝试和另一个来过月经的女孩进行交媾，达到混合两个人血液的目的。

儿童这些对婚姻的认识会随着他们的长大而被逐渐淡忘，但是，这些观念可能对很多神经症患者有非常大的影响。对此，我们首先可以从孩子们经常玩的游戏中看到，为了模拟结婚，儿童会做出所谓的“婚配”的小动作。长大之后，这种表现猛地看来很莫名其妙，这是因为他们也常常会用孩子的这种表现方式来表达他们想结婚的愿望，例如，偶然会表现出恐惧或其他类似的表情。

儿童在幼年时代，由于在他本身性本能的作用下产生的几种最重要的性理论我们上面已经分别讨论，我非常清楚，这些材料并不系统，并且也没有和儿童童年生活的其他部分之间建立起系统联系。所以，为了表述准确，我再补充几点，因为即使一个阅历丰富的人也有可能会忽略掉：有人常常说“那个人由于接吻所以怀孕了”。这是非常有趣的一个性理论，这表明他十分强调嘴唇性感区。一般来说，这极有可能是女孩想出来的，这种理论常常成为那些对异性好奇却又在童年受到严重压抑的女孩发病的根源。我有一个女病人之所以发病，是因为看到了一种“以父代娘”做法，这种做法盛行于少数民族当中，因为对“父权”的疑惑长期存在，而这样做的最终意图就是为了维护“父权”的地位。当一个妈妈生下孩子之后，孩子就有一个奇怪的“叔叔”连续几天待在家里穿睡衣待客，这或许是为了证明孩子的出生是由男女双方共同完成的，所以，孩子出生后，男人就应该理所当然地躺在床上了。

孩子们了解到性的知识是在十一二岁的时候，如果一个孩子有很多机会接触到性生活的真实情况，或者生长在一种自由的和不受限制的社会环境中，那么他就非常希望将他所知道的真实情况告诉别的孩子，以此来显示他长大了，并且比同龄孩子知道得多，有一种特别的优越感。

一般来说，孩子们从外界得到的认识多数是正确的，即他们已经知道了阴道的存在和作用。但由于小伙伴们在传递信息的过程中往往夹杂着自己的看法，甚至还有大一点儿的儿童的性见解，这就使得传言和事实相脱离，并且很难形成完整的理论，所以，“孩子是从哪里来的”这个问题也就无从得到答案。因为他现在不知道有精液这个关键性的东西，就和当初不知道阴道的存在而无法回答问题一样，现在是关于精液的认识，阻碍了他们对生育过程的理解。他们无法想象，男性的生殖器不仅仅能排泄尿液，而且能排出精液。个别情况下，在新婚之夜，某些纯洁少女会因为新郎“把尿撒到了她肚子里”而大发雷霆。

如果孩子们在青春期到来之前就懂得这些知识，就很容易激发起孩子对性问题的好奇，但此时，他们对性问题的看法已经没有了幼儿时候的痕迹了，因此也不再具有代表性。我认为，儿童后期对性问题的各种探索和思考，没有病理学方面的意义，所以我们无须在这里一一陈述。这种回答的丰富性是和孩子们刚开始接收到的信息密切相关的，意义在于再次唤醒了无意识中的孩子早期对性的兴趣。事实证明，这和孩子后来进行手淫，或者想和父母脱离关系的举动，有着不可推卸的责任。这样看来，老师们所持有的观点就不足为怪了，他们认为，儿童此时接受这方面的信息只能导致他们堕落，对他们是百害而无一利。

对于儿童后期对性问题的认识究竟加了什么东西，我们可以通过举例来说明。一个女孩从同学那里听说，女人的身体中被男人种了“蛋”，女人就在身体中来“孵”这个蛋，从而生出孩子。一个男孩也对这种说法有所耳闻，可是让他们颇为费解的是，被阴囊裹住的“睾丸”如何作为“蛋”而经常更换呢？（民间常把睾丸俗称为“蛋”，孩子们从小就有这个观念。）类似这种传闻是无法真正解决孩子们对性生活的怀疑的。大多数女孩认为，一次性交会延续很长时间，例如大概一天一夜，并且这一次性交，女人就会生下所有的孩子。有人认为，这是孩子们了解到了某种昆虫关于生殖的知识，所以才会这么解释。可是这种看法无从考据，估计这是孩子们自己杜撰出来的说法。还有一些女孩对怀孕的事情一无所知，她们认为，只要男人和女人在一起睡觉，第二天就会生出孩子，而不知道生命是要在子宫里孕育的。

玛赛尔·普列福斯特还在《女人的信》中将女孩们的这一错误想法改编为了一个有趣的故事。在儿童青春期，对性问题的各种疑惑其实挺有趣的，可是在这里，我并不打算深入分析，因为，它们和我的研究重点背道而驰。

我只想提出，非常有可能的是，这些奇奇怪怪的理论是儿童为了驳斥那些被性压抑和无意识中的古老观念才杜撰出来的。

还有一件非常有趣的事情，那就是当儿童接收到上述信息后的行为表现。大多数孩子，由于在性方面的深刻压抑，导致他们根本听不到也不愿意听到关于性的任何事情。对这样一种无知的状态，可以一直持续到很晚。有些孩子他们幼年得到的性知识，只有经过心理医生分析披露之后才发现。我认识一个十岁左右的小男孩，顶多不超过十三岁，他在说到关于性的事情时，肯定地回答："你的爸爸和别的女人会干出那种事，可是我父亲绝不会，我敢保证。"这样的回答让我们始料未及。儿童随着年龄的增大会逐渐改变对性问题的好奇心，可是从他们早期的行为中，我们完全可以总结出一个共性的东西，即孩子们非常迫切地想知道父母是如何生出孩子的。

第三篇

诗人和白日梦

我一直都对诗人（泛指艺术家）这样一群不能用常人眼光来看待的人感到迷惑不解，他们到底是怎样创作出他们的作品的，他们靠什么来把读者吸引住，并且还会引起我们前未有过的各种感情的。在对这个问题的探索上，我有点像那个红衣教主，不断地对阿瑞欧斯多提出问题。

大多数诗人对我们提出的问题给予无法解释的回复，即使个别诗人勉为其难作出的解释也很难让我们满意。到目前为止，没有人能解释清楚决定诗人对其想象性材料选择的因素到底是什么，也不知道他们用什么能力创造出这些富有想象力的作品，包括具有非常观察能力的伟大人物，虽然如此，却一点儿都不影响我们研究这个问题的热情。

我们多么希望能够在我们自己或者相类似的人身上，发现同诗人创作相类似的想象性活动，假如那样，我们就有可能通过仔细审查这种活动而发现诗的创造性想象能力的真实本质。实际上我们也是如此做的，并且取得了一定的成绩：作家们长期致力于缩小和普通人的差距，他们经常鼓励说，其实在每一个人的内心深处都是一个诗人的世界，当这个世界只剩下最后一个人的时候，那唯一可以确定的就是，这个人是个诗人。我们试图在儿童身上寻找这种想象活动的潜在表现，众所周知，儿童最专心和关注且对他最有吸引力的活动是游戏，就是说，处于游戏状态中的儿童正像展开想象的诗人，他们在游戏中重新布置生活，使周围的一切以他喜欢的方式呈现出来。

毋庸置疑，孩子们对环境的理解是真实的，并真正地投入到了游戏当中去，舍得在这里花费心血和投注感情；所以，“严肃”并不是真正和游戏相对立或相反的东西，“真实”才是。当然，儿童非常专注地投入游戏，并不是痴迷想象的世界，他只是将现实中可见可触的物体、场景等搬进了他的想象当中。“白日梦”和之相比则不同，它没有游戏和现实的联系，而是纯粹的脱离实际的想象。

和儿童在做游戏时相似，诗人对他所创作的虚幻世界是当作真实来对待的。这意味着，他将诗的世界和现实世界严格区分开来，但却对诗的世界投入了非常多的真实感情。我们从人类的语言当中可以清晰地看到儿童游戏和诗人创造的世界之间的相似性，举例来说，人们常常将某些通过某种方式可以再现的想象性创造物，用语言表达为“游戏”（英文中这个词还有戏剧、表演、假扮的含义），它们包含着各种真实或可以接触的事物，语言中还将把想象世界表现出来的人叫作“表演者”或者“演员”。可是，很多重要的文学效应就从诗的非现实的想象世界中产生了出来，例如我们现实中见到的许多事物，我们也许不会觉得很美或者令人愉悦，但当它成为诗人笔下的对象时就成了十分美好的事物，让人感到愉快；感情也是同样，许多现实中非常痛苦的情感，一旦变为文学作品，听者和读者就感觉是一种愉悦。

我们对现实和游戏之间的区别还有一种观点，当一个儿童从小孩成长为成年人，他便不再做游戏，并且生活在现实生活中只同现实打交道持续几十年，或许某一天，他会突然进入一种游戏和现实没有差别的境界当中，他恍惚中想起儿时是多么认真地做游戏，这时，如果他将想象的世界和现实相比较，他就情不自禁地想永远进入诗的世界当中，去获得幽默想象的乐趣，而不想再去承担现实生活的重担。

只要人长大成人就不再做游戏，可这并不等于放弃从游戏中获得快乐，因为，对一个稍微了解精神生活的人来说，都能感受到放弃曾经享受过的乐趣是一件极其艰难的事情。实际上，我们只是换了一种形式，用一种努力去获得这件东西的“代用物”，并没有真正的放弃。所以，当人长大不再做游戏时，他们就创造出一种类似空中楼阁的虚幻东西来代替原先的游戏，我们称之为“白日梦”。我相信一个人只要活着，就会制造自己的白日梦，并一直继续下去。但是长期以来，这个事实一直被忽视了，很多人并没有充分并且正确地认识到它的重要性。

人的幻觉和儿童游戏相比，更不容易被觉察到。确实，一般儿童游戏是一个人做的，但即使几个孩子一起做，那么，在他们的心目中肯定有一个共同的秘密王国专为游戏目的而设。不论成人对儿童的游戏是否感兴趣，儿童都不会隐瞒这些秘密。可是成年人在做白日梦的时候，总是不希望别人知道，他对这些梦感到羞耻。换个角度来看，这是成年人对梦的珍爱，把它们当作隐秘的宝藏，宁肯说出自己的错事，也不想把自己的白日梦告知于人。也许，他认为这种幻想只有他一个人存在，他并不知道世界上的每个人都有一个不为人知的秘密。所以，游戏的继续就是白日梦，由于之后的动机目的不同，所以儿童游戏中的具体行为也就和成人的白日梦不甚相同。

儿童的特殊愿望决定了儿童游戏的内容，对于孩子来说，他们大都非常迫切希望自己快快长大，变成大人，这是他们唯一的最大的愿望。于是，他们就在游戏中来实现这种想法，把平常观察到的大人生活通过游戏模仿出来，装扮成大人，在游戏中，他们不需要掩盖自己的愿望。但是成人就会有各种各样的顾忌，处于一种两难境地。一方面他觉得自己应该在现实世界中努力争取成功，不应该沉湎于游戏或者是陷于白日梦不能自拔；另一方面，他又必须把很多愿望隐藏起来，以便不形成白日梦，他总是要把这些加以抑制，因为他认为这些东西太幼稚，自己的这些幻想被别人知道会令他非常难堪。

可是假如所有人都将白日梦隐藏起来，不为外人道，那么我们是无法了解人类有这种创造幻象的倾向的，科学研究将无法进行。为了探究人类，上帝又给我们开了另一扇窗，世界上还有一些精神病患者，这些代表着“必然性”的女神严峻地向他们提出了这样的任务，他们可以原原本本地将自己的经历，不论是痛苦的还是愉快的都说出来，他们不仅对医生讲述各种事情，还会向医生述说自己的各种幻觉，当然目的是为了更好地进行心理治疗，这种讲述就是我们了解秘密幻想的最好来源。通过医疗实践，我们知道他们给医生讲述的事情，健康人是永远不会说的。

下面我们来讨论一下白日梦的特征：首先，只要有幻想的人都是愿望没有得到满足的人，幸福的人无须去幻想，这一点是可以肯定的。换句话说，没有得到满足的愿望是造成幻想的动力，每一个愿望的实现都是一个独立的幻想，或者是对不满的现实所进行的改善。由于愿望不同，那么由愿望生发出来的幻想，再加上性别、性格、环境等方面因素的影响，就风格各异。我们可以将之大致分为两种明显的容易区分的类型，一种是野心欲，即促使做梦者爬上高位的愿望；另一种就是性欲。对于年轻的女性来说，绝大部分都是由于性欲促成幻想，她们的野心欲就包含在追求性当中；而对于年轻的男性来说，除了性欲之外，还有野心欲和利己欲等共同造就了他们的幻想。这两种倾向虽然有区别，但我们可以看到他们的一致性。

大多数人的白日梦中，总有一个女人隐藏在梦中的一个小角落，就像许多教堂圣坛画的一个角落有一个不明显的雷神形象一样，这个形象出现在日耳曼的神话当中，做梦者的一切所得都完全被他呈现出来，由此，我们可以看到人们隐藏自己幻觉的强大动机。对于一个女孩来说，尤其是有着良好教养的女孩，不可能给人呈现出非常强烈的性欲，只有性欲小才能符合社会标准，受到赞扬；而对于一个男孩来说，他要想在这个社会上立足，他必须学会抑制自己过度的自爱心理，这种心理是由于童年时代备受溺爱培养起来的，现在由于这个社会由众多和他有同样追求的人组成，他必须相当克制那种心理。

我们要知道，这些由幻觉冲动形成的各种幻象、空中楼阁、白日梦等都是可以改变的，并不是永远一样，随着实际生活印象的变换，他们也会作出相应的调整，每一个具体的时间标志都是由于一种深刻的新印象造就的。综上，幻想同时间或时代有着极为重要的关系。通常情况下，同一个幻想在某一点的时候，总是在三个时期徘徊，这三个时期是我们三个幻想的代表。首先，由于现在发生的一些事件在某种力量下唤起强烈的愿望，心中的幻想活动是和现在联系着的；其次，这种幻想又会和幼儿时代发生的，并使这种愿望得到实现的早期经验相印证；最后，幻想活动就会制造出某种有可能在将来发生的事情，这种事件代表着这个愿望的实现。这种既包含现在直接引起他的事件，又包含某些过去的回忆，通过“愿望”的主线，过去、现在和未来就联系在了一起，这就是所谓的白日梦或者叫幻想。

为了形象地表述，我们可以通过例子来说明这个问题。假设一个穷困潦倒、孤苦伶仃的小男孩，正拿着一封推荐信走在去应聘的路上，由于他有愿望，他很容易陷入一个和当前的状况相对应的白日梦中：他到雇主那里，雇主对他非常满意，当场决定录用他；随后，他努力工作，很快出类拔萃成为雇主的左膀右臂，这种情况下很容易得到雇主年轻漂亮女儿的赏识和青睐，他们两个结婚，他正式成为了家庭中的一分子；他继续协助岳父做好家庭生意，由于岳父年迈，他成了岳父事业的合理继承人。由此，这个梦幻中重新感受到了他童年时代曾经拥有过的幸福：安全而温暖的家，慈祥能干的父亲，以及曾经让他怦然心动的女孩等。由此，我们可以清楚地看到一个人的愿望是怎样根据眼前的事情，又加上过去的经验，从而为自己设想出了一个光明美好的未来的。

我们有好多东西需要讲解幻想和白日梦，现在，我们只想做概要的简单说明，即假如这些幻想太过丰富或者强大，肯定会造成精神分裂或精神病。这意思是，幻想只是我们现在治疗病人病情初发状态的方法，但这种现象已经不属于我们心理学的范畴了，而是病理学研究的东西。

我们还需要分析一下幻想和梦的关系，通过研究梦，我们知道夜梦和幻想其本质是一样的，“白日梦”这一精辟的语言，将幻想中创造的虚幻物的实质道了出来。尽管这样，大多数普通人还是不知道梦的本质，这是因为我们平时不愿透露、羞于透露的愿望，我们总是尽量让其隐藏起来，时间长了就被压抑到了无意识当中而我们浑然不觉，它们只能活跃于夜间。可是，这些被压抑的愿望及各种变形并没有完全消失。科学研究在愿望完全伪装的情况下，从意识当中将它们从梦的变形中分辨出来，所以，夜间的梦和白日梦完全一样，也是欲望实现的一种途径。对白日梦的探析我们暂且先到这里。

现在我们讨论一下诗人。一个富有想象力的作家是否就等同于一个在白天做梦的人？而诗人创造的作品是否也就等同于白日梦呢？在我看来，它们还是有很多区别的。白日梦是做梦者本人由于本能创造自己的材料，这和诗人和以往的史诗作者、悲剧作者取材于“现成物”是很不一样的。在谈论这个问题时，我选择了一些拥有广泛男女读者群的作家，他们大都是比较随和，不那么自命清高的传奇作家、长篇和短篇小说作者，虽然他们并没有得到批评家的高度赞扬，但依旧很受大众的欢迎。

通过阅读他们的作品，我们发现他们所创作的作品都有一个非常明显的特点，即作品中都塑造了一个令人同情和尊敬的英雄，这个英雄总是用尽作者各种心思去渲染，让读者牵肠挂肚。例如，这个英雄如果在第一章结束的时候受了重伤而且因流血过多失去了知觉，我们会为之揪心，可是当我们翻开第二章的时候，就会惊喜地发现，英雄得到了细心的照顾，健康正在逐渐恢复，我们会为之高兴；如果在第一卷结束的时候，主人公突然遇到了一场海上风暴，他搭乘的船也触礁破碎了，那么我们一定会在第二卷的开始发现就在这千钧一发的时刻，英雄转危为安，得到了搭救，否则，这个故事就无法继续。

我们对英雄总是怀着一种安全感，虽然令我们欢喜令我们忧，可在和他一起经历千难万险的过程中，总是有一种安全感伴随左右。这和现实中，一个奋不顾身跳水去救溺水的人，或一个冒着枪林弹雨去炸毁敌人碉堡的英雄一样，故事中的英雄主人公也是如此，这种安全感，用一个非常好的读者的话说就是“我永远都不会有事的”。似乎有一种“刀枪不入”的感觉，但我认为，这种感觉其实是一种“自我陛下”的流露，这个“自我陛下”的变种就是所有白日梦和小说故事中的英雄。

这种以“自我”为中心的故事，还会有一个漂亮的女子和英雄相爱，这也是其一个重要特征。众所周知，这种情节不是现实，可却是组成白日梦的基本成分。另外，故事中所有的人不是“好人”就是“坏人”，和“英雄”在一条战线的就是好人，反对“英雄”的就是坏人，而不管现实中的种种差异或者喜好。

我们必须承认，虽然很多富有想象力的作品已经远远超出了一开始那种无邪的白日梦的限制和水平，可有一点我认为必须坚持，那就是所有的白日梦，无论其走得多远，或者变成哪种，都可以通过各种转换，还原到最初的状态。许多别人说的心理小说，也只包括一个人物，这个人物肯定也是英雄形象，这点给我印象较深，这个人物只不过是通过内心描写来塑造的。创作者进入到了人物的内心深处，并以这个人物的眼光来看待周围的人和事。通常来说，这种小说表现的现代作家的倾向，是小说的独特之处。现代作家的倾向，是通过自我分析，将自己分成无数个细小的组成成分，并通过这种方式，将英雄内心的各种对立和冲突倾向“人格化”，也就是他的每一种心理倾向就是一个人物表现。

此外，还有一种小说和“白日梦”不同，这种可以叫作“超越中心”或者中心之外的小说。在这之中，这个主人公表面上很冷，对一切都较消极，就像一个陌生人对别人的行动和痛苦无动于衷。这在左拉的小说中可以得到印证。通过对那些不是作家、许多方面异常的人做的心理分析表明：他们的白日梦都有相同的表现，即在白日梦中，“自我”都非常乐于充当一个旁观者的角色。

假如说对作家和做白日梦的人的比较，对诗歌创作和白日梦比较是有价值的话，那么这种价值表现为和现实的情况相符合。现在让我们用刚才的观点去分析幻想与贯穿幻想的“愿望”之间的关系，用过去、现在、未来这幻想所涉及的三段时间来检验作家们的作品，然后再用这种检查的证据来分析作家本人的生活和他作品间的关系。到现在为止，一些人将这个看得很简单，人们还不能确定到底用什么样的基本观念来看待这种关系。

通过各种对白日梦的研究，我们认为，可能是有些作家他自己的真实经验印象深刻，从而让他回忆起了童年的经历之类的事情，于是产生了一些愿望，而作品创作是这种愿望得以实现的唯一途径。所以，从他的作品中，我们可以分辨出最近发生的事，也能看出回忆的早年经验。

我们完全没必要对这种创作过程的复杂性感到惊讶，因为，事实远远要比概括复杂得多，所以，它只能是人们研究真实创作的一种尝试。通过我的研究，我认为这种方式一定会获得成绩。由于想象力创造的东西，它和白日梦一样，是儿童游戏的继续和替代，所以我一直都在强调作家对童年生活的回忆。

还有一种不是通过本能创造，而是对现有的材料进行重新加工后所生成的作品，这一类我们也不能忽视。在这种作品中，作家往往独立选择材料，并进行大刀阔斧的改变，也呈现出一定的独立性。由一个民族的神话、传奇或童话的宝库所形成的材料，实际上是整个民族的心理创作。从神话的种种迹象表明，这可能是全民族的愿望（一个年轻民族的古老的梦）所生成的幻想或者幻想的变形，目前，我们对这研究得还不够多。

也许有人认为，本文谈论的白日梦要比作家和诗人多得多，似乎已经背离了题目，我同意这个观点，但是现在这种状况是情有可原的，因为，关于这方面的研究现在微乎其微。我现在只是希望通过对幻觉的研究来找出一些启示，提出一些问题。

这些问题实际上已经超出了心理学的领域而跨越到了选择文学材料方面。类似作家是通过什么手段唤起读者的感情的这些我们根本没有讨论。我认为，从对白日梦的分析到对作家想象性作品会造成什么样的效果的分析，二者之间还是有联系的。

我过去所提出的，“白日梦”的作者觉得幻觉是低俗的，所以总是设法将之隐藏，而不让人知道。现在我确定，即使他们将之披露给我们，我们也不会很感兴趣，并从中得到愉悦的感受，相反，还会使我们反感或厌恶。可是具有文学天赋的作家，则会让我们从他的“游戏”或“白日梦”中感到快乐。我们目前还不知道作家到底是怎么样创造出这样的效果的。

用某种技巧战胜人们的厌倦感情，这是诗或艺术的本质，这种厌倦感情和每个个体与他人间的“障碍”密切相关。我认为有两种方式可以克服这种“障碍”：艺术作家用变换或“伪装”的手法将“白日梦”中的“自我核心”特征变弱，变得让人容易接受；第二是他以审美的愉悦来给我们呈现他的幻想，让我们从中获得满足。这种快乐的增加，又可以进一步刺激我们内心深处更多的快乐，我们称之为“额外刺激”或“前快感”。放松和释放我们内心的紧张是文学欣赏的实质，作家们通过既能让我们欣赏到自己的白日梦，又不让我们感到为难和可耻的方法，这就是造成这种效果的原因。我们即将可以进入更加神奇、有趣和复杂的领域，可是现在又需要停下来，暂时先终止这个研究。

第四篇

本能的升华

大多数人认为，清楚准确的基本概念是建立科学的基础。可事实却并不这样，因为到现在为止，即使是最精确的一门科学，也很少是从所谓的清晰的基本概念出发的。开始先描述现象，随后对之进行分组、归类，并找出它们之间的关系，这才是科学活动的真正开端。通常，在描述阶段，人们都要用一些非具象的概念来指称眼前的材料，这些概念来源各异，但不只是由于新的经验才命名的。以后，随着材料的加工这些观念会更加重要，并且在更晚一些时候就会成为科学的基本概念。最初，这些观念是有明确的具体内容的，但可能会有某种经验的不确定性。它们只要继续保持这种状态，并且我们不断和它们指向的观察材料相联系，终究可以理解它们的含义。

我们可以从这些材料中推导出抽象概念，但它们并不能因此而占据主要地位，甚至在严格意义上讲，它们还是一种习俗性的东西。尽管如此，我们仍要慎重选择每一种证明材料，即根据它们和经验材料之间的关系来确定。我们只有确实证明并认识到这种关系之后，才能真正揭开这种关系的神秘面纱，在这之前，都是神秘莫测的。我们要想更加准确地提出它的基本科学概念，必须对这个领域进行更进一步的研究。这些概念在经过完善和补充，并达到逻辑上的前后一致后，才能使人们更加广泛地接受和应用。下面就可以给它们下定义了，可是像物理等其他科学一样，我们下定义时也要有一定的灵活性或者伸缩性，只有这样才能真正推动科学进步。在这个领域当中，那些基本概念即使已经用定义的形式确定了下来，若是这门科学有了新的进展，那么基本概念也要随之而增加和变化内容。

在心理学中，理所当然，“本能”是最为常见可也是依旧不清楚的基本概念。为了进一步明确这一概念的内涵，我们现在要从不同角度来探讨这个问题。

首先，我们从生理学的角度来分析。刺激和反射弧是生理学中的概念，根据它们的解释，如果活的机体组织如神经器官受到一种来自外部世界的刺激，那么机体组织就发出一种指向外界的行动，通过这一行动使这个机体远离刺激物，逃到这个刺激所不能达到的地方。

至于“本能”和“刺激”之间的关系，很多人想当然地将前者归并到后者的大概念当中去，并认为，本能只是对心理的一种刺激，可是，转过来想想，这样把本能等同于心理刺激的做法是不那么准确的。显而易见，不仅是本能可以刺激心灵，其他种种刺激也可以达到这样的目的，并且这些刺激看上去更像是一种生理刺激。例如，一束强光照射到眼睛上时所造成的刺激就不是本能刺激，可是下面的刺激就是本能的：食道上的分泌黏膜因为干渴而变得很干燥时，或是因为胃部饥饿而开始疼痛时。这里我们假设这些内部活动是构成干渴和饥饿这样需要的机体基础。

现在我们已经将本能的刺激和作用于我们心理的其他刺激，如生理刺激区别开来了，这是建立在足够的材料基础上的。首先，所有来自本能的刺激都是来自机体自身，而不是外部世界，因为这种刺激会引起完全不同的心理效果，而且要想消除这种刺激的话，需要采取一种完全不同的行动。具体一点儿就是，一种外部刺激总是作为一种单一的冲击力出现，这是它最重要和最关键的特征，所以也只会引发与之相适应的单一的反射行为，像某种刺激导致的逃避行为就是最具有代表性的例子。

如果这些冲击力重复出现，那么它们的力量确实会越来越大，可实际上，这种只是量的积累，并没有质的改变，因为，若要消除这种刺激的话，还是需要原来的那些条件。从另一个角度来说，所有的本能都是一种永久的力量，而不能瞬间消失，如果它的冲击力是来自机体本身，而不是外部的话，那么想通过逃避行为来将其消除的话是不可能的。所以，我们用“需要”这个名词来将本能的刺激和别的刺激区别开来。所谓的“满足”就是指能够消除这种“需要”的行为，它也只能通过适当改变内在“刺激源”的方式而达到。

假设有一个还没有找到稳定方向的有机体，孤立无援，这时，如有一种“刺激”正好作用到它的神经组织上，那么这个机体就能非常迅速地作出第一次区别并获得第一个定向。它能区分出内在刺激和外在刺激，将只是通过肌肉逃避活动就能消除的刺激归并到外部刺激当中，同时对不能用肌肉逃避行动消除的刺激，贴上内部刺激的标签，即本能需要的证明。这就是说，生命机体自身的视觉能力有这种区别“内部”和“外部”的特殊功能。

由此，我们就通过它的来源——机体内部的刺激，它的表现方式——持续不断地认识了“本能”的本质。从这里，我们可以推导到它的另一个明显特征，即逃避的方式不能消除这种本能力量。通过这些特征，我们可以联系到下面的事实，更加有助于我们讨论的深入。除了把某些习俗的东西看作是基本概念用到我们通过经验而获得的材料中之外，我们还运用许多复杂的假设来引导我们探索更多心理现象。假如神经系统是一种消除到达它那里筹集的装置，或者说是将刺激引起的兴奋减小到最低水平的装置，那么神经系统就应该处在一种没有被刺激的状态或者非兴奋状态，假设这个假设中的事实没有任何特殊情况，那么我们就可以认为，控制或消除刺激是神经系统的主要任务。

这个假设是从生物学的角度提出的，是上面所说的许多复杂假设中的一个，并且应用了手段和“日的”相适应的“日的”概念。由此我们看到，当我们使用“本能”这个概念的时候，本以为很简单的生物反射机制就变得非常复杂。外部刺激刺激了机体，机体唯一的任务就是通过肌肉运动使自己避开这种刺激。假如某种运动可以并且最适合达到这种目标，那么时间长了，就会成为遗传的倾向，这种方式并不能消除来自机体内部的本能刺激。所以，神经系统就有了更重要的任务，它被要求做出各种复杂和相互依赖的活动，这些活动要能造成外部世界的变化，使它们可以满足内部刺激（需要）。最重要的是，由于这种刺激总是源源不断，那么本能的刺激（需要）会强迫神经系统放弃避开刺激的最终意图（目的）。由此，我们就可以认为，本能（内在需要）是进步的真正动力，而非外部刺激。正是这种动力，神经系统才得到发展，并达到现在如此高的水平。当然，我们也可以推导出，本能根据其自身全部或部分需要，积淀或制造出各种不同的外部刺激形式，在生物的种系发生过程中，这些形式反过来又改造了机体本身。

假如今后我们又发现，不管发展到多高水平的心理器官（装置）也都是从属于“快乐原则”的话，或者说是自动在“快乐—痛苦”系列感情的制约下，我们就会非常自然地得出另一个假设：这些感情反映出了一种支配刺激物的过程，即刺激增加可能会导致痛苦的感情，刺激减少可能会导致快乐的感情。对此，我们需要谨慎对待，因为这样的假设现在还不能完全确定。如果可能的话，我们可以一边探讨“快乐”和“痛苦”之间的关系，一边探讨随着“刺激”量的浮动变化会对心理活动造成什么样的影响。通过这种探索，我们肯定会发现它们之间各种不同的“关系”，并且有些还特别复杂。

心理活动如果通过生物学去思考的话，那么“本能”就会成为一个介于精神和物质之间的一个“边缘概念”，它既是来自机体内部（包括精神领域）刺激的代表，同时，由于它和身体之间的联系，又是衡量精神为了肉体需要应该付出多少精力的标尺。下面，我们先讨论本能的动量、本能的目的、本能的源泉等和本能这个概念相关的一系列名词。

所谓本能的动量是指它的动力部分，例如力的大小、需要付出的能量水平等。本能的典型特征是冲动或刺激，这也是本能的本质。事实上，所有的本能都是一种活动，如果说某种本能是一种被动性的本能，那么说明，它的目标是被动性的。

一般来说，本能的最终目的都是“满足”，而且只有消除本能中产生刺激的条件才能达到这种“满足”。虽然它们的终极目的是一样的，但是过程、方式却各不相同，所以，有着较近或者处于中间位置的目的的本能，它们可以结合或者相互交换目的。依据经验我们还得知，本能的目的有时会被抑制，此时，它向“满足”前进的每一步，都可能受到抑制，甚至偏离原来的方向。假如是这种情况的话，本能不能得到全部满足，但是部分满足还是可以实现的。

本能可以在其中或者通过它达到目的的东西就是所谓的本能的目标。在和本能有关的所有因素中，本能的目标是最不具有稳定性的，开始它和本能并没有关系，但是由于它非常适合提供“满足”，所以才开始附着于本能上。本能的目标经常变化，或者是一个外部事物，也可能是主体身体的一部分，本能在生命进程中转变几次，那么本能的目标也随之变化。它在本能中的置换作用是目标所起的作用，同一种目标可以同时满足好几种本能的情况也可能发生。阿德勒将该现象叫作本能的“合流”，然而，我认为“固定”是最能表达本能和目标之间这种密切关系的词，它通常发生在本能发展的早期，它可以使本能的运动状态结束，并通过激烈抗争，使这种“固定”作用变得坚不可摧。

某一组织或身体某一部分的“机体活动”就是本能的源泉，通过这种活动，产生出一种刺激或兴奋，就是心理活动中所说的本能冲动。对于这种活动是属于普通的化学活动还是类似于机械力的释放相当的活动，我们还不得而知。虽然本能的一个特殊并十分重要的特征是发源于身体内部，但在心理活动中，我们要想认识它只能通过它的目标这个对象。严格意义上讲，对本能源泉的研究已经不属于心理学研究的范围了，对它作出准确的认识也不是我们心理学研究的目的。在通常情况下，我们可以从本能的目的中推导出本能的源泉来。

我们可以作出一种假设，区别那些来源于肉体但是作用到精神上的各种不同的本能的根据是它们的质，而且在精神生活中的作用方式也有质的不同，这种说法现在还没有确定能成立。我们更倾向于作一个没那么复杂但有效的假设，即各种本能的本质是相同的，但由于伴随本能的兴奋强度不同，所以本能产生的效果各不相同；或者说是因为这种量导致某些功效不同，由于本能的源泉不同，那么不同的本能就会产生出不同的心理效果。在所有事件中，我们只有在后出现的联系中，才可能弄清“本能的质量”真正标示的东西。

总共有多少种本能，各自内容又都是什么，我们还不知道。没有人反对我们常说的游戏本能、破坏本能、社会本能等概念不确切，这是因为，人们一方面受制于心理分析的限制，另一方面只考虑了人自身的需要的缘故。可是我们需要继续探讨，是不是还有另一些更基本的本能动机在这样一些致力于一个方面的本能动机后面作为推动力呢？如果有的话，那么是不是只有更基本的动机，才配使用“本能”这个词来形容？

生存本能或自我本能和性本能是我们至少可以辨别的两种基本本能，通过生物学研究我们发现，和个体的其他功能相比，“性”由于它的内容是产生新的个体——保存并延续种族，其目的已经超出了个体，它和其他功能相比并不在同一个层次上。生物学还进一步证明，关于自我和“性欲”之间的关系，现在基本上有两种说法，并且表面上都是说得通的。一种看法认为自我是最重要的东西，而性爱只是它诸多活动中的一种，那么性满足就只是它各种需要的一种；另一种看法认为，个体由于是一种短暂的东西，早晚都会消失，它只能附属于本种族传给它的那种永远不会灭绝的种质（生物学专业名词）上面。在我看来，那种人物性功能和其他身体功能不同的地方是它特殊的化学过程的看法，只不过是艾赫尔为代表的生物学派的研究的一个重要基点而已。

因为从意识方面对本能研究有着诸多的不可克服的困难，我们现在采取通过心理分析研究心理失调的方式和手段来探索本能，现在我们已经在认识性本能的较确定的性质方面，搜集了很多材料和信息。这种研究方式能像病理分析那样单独观察，所以能取得这样的成就。虽然期望在更多领域中获得有利的观察的条件还不具备，但是我们坚信，随着心理分析向其他神经作用范围的推广，我们早晚能发现认识“自我本能”的基础。

我们将性本能的一般特点归纳如下：它们从各种不同的器官发出来，数目众多，在开始都是相互独立的，只有到最后的阶段才成为综合的整体。它们的每一种本能在成为一个综合整体之前，目的都是追求各自的“器官快感”，在综合之后才真正变成大家所熟知的性本能，服从于生殖的功能。性本能刚开始和“生存本能”混在一起，并依靠“生存本能”维持自身，随着时间发展，渐渐成为独立的存在而脱离生存本能。在进行对象选择时，它们仍然在生存本能之后，并且其中有的从头到尾都不和自我本能分开，而变成总构成中的性欲成分。

一般我们很难观察到这些性欲成分，只有出现病症时才能认识到性欲成分。由于它们都具有很高的相互替代能力，所以可随时改变自己的追求目标，这也是它们一个非常突出的特征。这种特征使它们有能力从事各种活动，并且这些活动在很大程度上已经和它们最初达到目的的方式（升华方式）不同或者完全脱离了。

我们可以将这样的活动叫作本能的蜕变形式，也是本能在一生发展过程中所经历的变态形式。由于性本能是我们最熟悉的，我们现在讨论的是性本能的蜕变形式。经过试验，一般性本能经过的蜕变过程如下：

1.通过颠倒，变成其对立面；

2.返回到自身主体；

3.抑制；

4.升华。

现在我们只需要讨论分析前两种问题，因为我并不打算讨论“升华”，而阐述“抑制”问题则需要用一个独立的章节。这里我们需要明白，这里讲的倾向和本能的直线性追求的目标倾向刚好相反，所以，上述蜕变很可能看成是反本能的自卫形式。

我们仔细分析通过颠倒而转变为其对立面的活动，发现它完全可以分为主动活动转变为被动活动、完全颠倒内容这两种不同的活动，这两种活动的本质也不相同，下面我们予以分别阐述。

我们可以从两组相互对立的活动中找到主动向被动的转变：性的施虐欲—性的受虐欲（分别简称为施虐欲和受虐欲），“见色思淫欲”（简称视淫）—裸露欲。这些颠倒是本能目的的颠倒，主动的目的（虐待和视淫）代替被动的目的（喜欢被虐待折磨和喜欢被看），而变爱为恨则是目的颠倒的唯一例子。

我们可以从下面几个方面来考虑本能是如何回转到主体自身的，如受虐欲其实是施虐欲将施虐目标转向主体自身的“自我”，裸露欲其实是将视淫目标转到自身上，喜欢看主体自身和身体。通过深入分析和观察，我们发现，受虐者其实是喜欢自己的身体受到虐待，而裸露欲患者则是喜欢暴露自己的身体给人看。所以，这种活动的实质是目标的转化，而目的本身并没有变化。

通过上面的案例，我们需要注意的是返回主体自身和从主动转向被动是在同一种活动中发生的。我们需要更加细致地研究才能说明这两种活动之间的关系。施虐和受虐的过程我们可以用下面步骤来表达：

1.通过行使暴力或对他人施加强力就是所谓的施虐，他人是施虐的目标。

2.由主体自身的“自我”来替换施虐目标，放弃原来的外在目标，随着向主体自身的返回，本能的目的也从主动变成了被动。

3.重新把另一个人作为目标，由于本能在目的方面发生了从主动向被动的变化，这另外一个人同时又是开始时的主体，不同的是这时发生了从主动向被动的转变。这第三点就是通常意义上的受虐，从这个活动中所得到的满足和原来从施虐活动中得到的满足相类似。这个被动的自我通过幻觉使自己回到最初的状态当中，只是现在由自我之外的另一个主体代替了它自身。另外，我们怀疑是否还有别的更为直接的受虐满足，但是那种不同于从施虐中转化来的纯粹的受虐我们到现在并没有碰到过。由此，上面假设中的第二阶段是非常必要的。通过观察迷狂症患者的施虐冲动，我们会更清楚地发现，这种转变只是一种向主体自身的返回，而没有三个阶段那种从被动态度向主动态度的再次转化。这就意味着，这种转变到第二阶段就结束了。自我折磨和自我惩罚都是源于一种虐待欲，而并非受虐狂；其主动的愿望发生了变化，但还未变成被动的愿望，而是转变成一种反身的中性愿望。

而对施虐欲来说，本能在一个一般性目的之外（或二者结合为一体），还追求一个专门的目的，即不仅要支配和统治目标，同时还要让它痛苦，这更加复杂。通过心理分析我们发现，这种施虐在本能对原来目的的追求中好像并没有什么特别的作用。例如，施虐的儿童并不关心这是否造成了痛苦，这并不是他们的主要目的。可是，只要施虐开始转化为受虐，这种痛苦经验就很快被我们当成一种被动的受虐性目的。因为这种和其他不愉快的感受一样，痛苦感可以扩大为兴奋，形成一种愉快的体验，主体宁愿经历痛苦造成的不愉快而达到这种愉快的目的，这点我们可以确信。无论如何，只要疼痛的折磨被看作是一种受虐性目的，就可以被转化成一种施虐的情势，从而产生出一种“施加痛苦”的施虐性目的。这种“施加痛苦”的活动由于主体本身和承受痛苦的客体已达成了共识，也可以被主体看作是一种向别人施加痛苦的施虐性愉快。

有一点需要说明，即无论如何，痛苦本身并不是愉快的，随之而来的性兴奋才是真正的快乐。这点施虐者是很容易达到的，所以，由痛苦造成的这种性快乐是最为基本的受虐目的，同时，它也可以再转化为施虐本能原来的目的。

为了系统论述，我这里需要补充一点，即同情只是和这种本能相对抗的“反应过程”的必然产物，而不是施虐本能转变的结果。

通过对视淫（观看欲）和自我裸露欲（即偷看下流场面欲和裸体癖）这一组对立面的研究，我们现在产生了另一种不同的，但结果相对简单的结论。和上面一样，我们也将之分成三个阶段：

1.“视淫”作为一种活动，直接指向外在物体；2.放弃外在物体，“视淫”本能转向主体自身的某部分，转为被动的，同时为自己确立另一个目的，观看自身；3.形成一个为了被观看而展示自身的新主体。

确凿无疑的是，这里和上面一样，视淫欲要先于裸露欲出现，即主动目的先于被动目的出现。但和施虐欲中发生的事情所不同之处在于，我们可以在“视淫”本能中认出一个比上面的第一阶段更早的阶段。即“视淫”本能活动在刚刚开始活动时它的确有一个目标——主体自己的身体，是一种朝向自身的性欲；随后，这种本能通过比较才开始从这个目标转向另一个与之类似的身体，才开始上述的第一阶段。因为这个最初始的阶段是以后产生的对立面中两种情势的发源地，所以这种初始阶段是非常有意义的。我们可以用下面的图表来粗略说明这种“视淫”本能。

<table>
<tr><td rowspan="3">精神官能症的原因</td><td>原欲固有作用所产生的倾向</td><td>偶然的（创伤性）经验</td></tr>
<tr><td colspan="2">性的组织（祖先的经验）</td></tr>
<tr><td colspan="2">儿童期的经验</td></tr>
</table>

因为施虐本能从一开始就指向一个外在的目标，故其是没有这种初始阶段的，所以把这一阶段看成是儿童开始控制自己四肢的阶段也是有一定道理的。

通过对施虐—受虐本能和“视淫”—裸露这两种本能的分析，我们可以得知：它们从主动向被动的反向转变，和它们向主体自身的返回，实际上也许就从来没有涉及本能所具备的全部推动力，在某种意义上，虽然它们的变形非常严重，但其较早阶段上的主动倾向和较晚阶段上的被动倾向是同时存在的。所以，我们可以将视淫本能做如下描述：它朝向自身的性欲，它的初始阶段和它的最后的主动或者被动形式等发展阶段上的各个时期，都是同时存在、共同发展的，这是对它的唯一准确的描述。

假如我们从本能的满足机制角度来说，而不是从本能发起的活动来说的话，这种同时存在就更加真实，也更加显而易见。对此，我们还可以换一种更加合适的方式进行分析和描述。举例来说，每一个本能的“生命”我们都可以将之分成一系列“希望”或“盼望”，它们不是同时出现，但是在它自身存在的这段时间里，却具有相同的本质并保持不变。各个“希望”之间就像连续喷发的熔岩一样，所以，我们描绘的那种最早和最开始的“本能喷发”实际上就没有经历任何发展或成长，而是以一种畸变的形式存在。随后的“希望”也许在刚开始时经历类似从主动向被动的转变这种形式变化，但之后，就一直保持这种新的性质，这样就是在早期层次的基础上新增加一个，并没有进行新旧更替的过程。

假如我们仔细观察一下本能倾向从开始产生到某一特定停顿的全过程，本能一步步发展的过程就可以通过我们描述的“希望”依次将之清楚地呈现出来。这说明，就算在本能发展的晚期阶段，我们也可以观察到其早期形式和它对立面同时存在的状态。对此，鲍勒“矛盾心理”这个词汇是对这一事实最恰当的描述。

我们通过对某种本能的发展过程和整个发展过程中各个中间环节的持久性质进行描述，从而更加全面地了解了这种发展过程。经验证明，这种“矛盾心理”的矛盾对立程度会随着个人、群体及种族的不同而不同（反向发展程度），因为在原始时代有一点假设是可以确定的，即原始的积极冲动在本能活动中所起的作用比现代的平均水平要高很多，所以，现在人类本能中存在着一些比较明显的“矛盾心理”，这些应该是远古的遗传导致的。

通常意义上，早期的性本能获得是一种“自身—性欲”的满足，习惯上我们把自我发展的这个早期阶段约定俗成地称为“自恋期”，到目前为止，我们还没有讨论“自身性欲”和“自恋”之间的关系。所以导致我们在讨论“视淫”本能的初级阶段时，只要是将主体自己的身体作为视淫对象的，我们就将之称为“自恋”和“自恋的构成”。从此，积极的视淫本能开始脱离自恋期逐步发展起来，与之同步进行的是，被动性“视淫”本能开始密切盯住自恋对象；同理，从施虐向受虐的转变也标志着向自恋对象的反转。

在以上这两种情况中，作为积极主体的自恋和另一个外部自我作了等价交换，如果只考虑施虐本能最开始的自恋阶段的话，我们可以得出：本能自我的自恋机制决定着本能的种种蜕变，包括从它向主体自我的返回，到它经历的从积极性向被动性的反转，始终都带有这一阶段的印记，也许它们代表的是一种自卫性企图，这种自卫活动是通过其他手段激发的，处在自我的更高的发展水平上。

现在，我们只讨论了施虐—受虐和视淫欲—裸露欲这两种本能及对立面，这也是通过“矛盾心理”的形式来说的最广泛的、最有名的性本能。由于现在分析水平还有限，所以其他一些晚期出现的性本能成分，我们并不能用同样的方式来分析。

综上，我们可以确定，它们的活动是“自身—性欲”型的，换句话来说，就是它们的目标和作为它们源泉的器官在通常情况下是合二为一的。例如，“视淫”本能的目标在开始时只是主体自己身体的一部分，而不是眼睛本身。在施虐本能中，其器官源泉也许是一种具有活动能力的机体组织，这就决定了它肯定要追求一个其自身之外的目标，当然这个目标也可能是主体自己身体中的某一部分。在“自身—性欲”本能中，器官方面所起的作用是决定性的，根据费德恩和叶开尔斯的假设，本能的目的的主动性和被动性是由器官的形式和功能决定的。

我们可以从下面的情况下看到本能的“内容”向它的对立面转化的过程，这也是唯一的情况，就是由爱向恨的转化。爱的目标和恨的目标都是同一个对象，这种“共存”的情况是很普遍的，也是人类感情生活中“矛盾心理”的一个典型例子。

由爱向恨转化的这个例子并不属于我们研究的本能中的某一类，所以它引起了人们极大的关注。非常肯定的是，在这两种相反的感情之间有一种非常密切的关系，但很少人会知道“爱”像其他本能一样，也是性欲本能的一个特殊组成成分。一般来说，“爱”被人们看作是整个性欲生活的一种表现，可是从这里并没有给我们提供方便，我们仍然不知道在这种对抗中，什么是它最基本的对立。

不止一种，应该有三种对立包含在“爱”当中：第一种是“爱—恨”的对立；第二种是“爱—被爱”的对立；第三种则是爱恨合一后和中性状态，即无动于衷状态的对立。其中，爱和被爱的对立，和上面提到的从主动到被动的转化相一致，也和“视淫”本能中的最初情形趋同，即“爱自己”，或者说是典型的“自恋”。随后，随着作为客体或主体的自我是否转换为一个外在对象，从而使它产生了爱的主动性目的或“被爱”的被动性目的，“自恋”即和后面一种情况联系密切。

假如我们能认识到自己作为整体的心理活动要受到主体（自我）—客体（外部世界）、愉快—痛苦、主动—被动这三种对立面的支配，我们就能非常容易地理解“爱情”中包含的各种各样的对立。

我以前说过，个体存在中早就出现在自我和非自我（外部世界）的对立

（主体和客体的对立）的早期阶段中，比方说，个体对内部刺激无能为力，但对外部刺激则可以通过肌肉活动来消除（驱赶）。这种对立是我们研究面临的一个无法逃避的基本情况，总是凌驾于我们所有的思想活动上面。我曾经强调过，愉快—痛苦的对立是根基于一整套情感系列的，它很大程度上决定着我们的行动（意志）。我们不能将主动和被动之间对立混同于自我主体和外部物体之间的对立，只要自我接受外部刺激，那么它和外部世界之间就是被动的关系；如果它对外部刺激作出了反应，那么关系就又变成了主动的。

它的本能强迫它通过一定水平的主动性来应付外部世界，所以，假如我们重点强调物质的本质，即对外部刺激来说，自我主体是被动的，可是这点如果对它自己的本能来说，就是主动的，在后期，主动和被动间的对立与男性和女性的对立结合在一起。只有上面说的结合发生，“男性—女性”间的对立才具有心理学方面的意义。一般我们认为的生物学的事实是，主动性和男性融合，被动性和女性相融合，可是出乎我们习惯意料之外的是，这并不是唯一的永远不变的事实。

上述三组对立体在我们的心理中通过各种不同的方式相互联系，其中有一种可以说是最原始、最基本的心理状态。在这种最基本的心理状态中，有两种对立体重合在一起。所谓的“自恋”是当心理生活刚刚开始时，自我本能作为自我本身，它可以从自身中获得一定程度的满足，同时，我们将这种导致满足的潜力叫作“自身情爱”。

在这一时期，由于它对获得满足并没有多少概念，所以，通常它对外部世界并不感兴趣；从而，这一时期“自我主体”和快乐的东西、外部世界和中性的东西（那些对它无所谓和让它无动于衷的东西）都是重要的，也是同样的。由此，我们可以说，所谓“爱”就是自我和它的快乐之源联系在了一起，这是我们为“爱”下的定义。从这个定义中，所有包含着“爱”的两极对立中最初的一种就是“自我只爱它自己而对外部世界无动于衷”的现象。

要想使自我不需要外部世界，那么自我就只能从它自身获得情爱满足得以实现；可是，因为本能有经验，它喜欢从外部世界发现“对象”，所以，在一段时间内，很可能它内在本能的刺激只能让它感觉到痛苦。在“快乐原则”的支配下，这时产生了一种新的状态，即只要外部对象是快乐之源，就会呈现给主体，主体的“自我”就会吸收进去，变成弗朗西斯所说的“内向投射”；与此同时，自我也把自身内部导致痛苦的东西投向或归因于外部世界（投射机制）。

由此，最初的总是通过一种可信的客观标准来区分内部和外部的“现实—自我”便变成了一种单纯的“快乐—自我”，换句话说就是，变成了一种“自我”，这种“自我”把快乐看得高于一切。对这个“快乐—自我”来说，外部世界分成快乐和异己两部分，它要将快乐的部分吸收进来结合成一体，异己的部分则被它分割出去投射到外部世界当中，成为它的敌对面或者有害物。根据这种新的排列方式，就产生了自我——主体和快乐的重合、外部世界和痛苦的重合这两组重合。当然，在早期时，第二种重合是被看成中性的。这就是说，在开始外部对象侵入自恋阶段时，就产生了恨，这种和爱完全相反的态度。

上面提到，开始，自我“目标”是由生存本能从外部世界提供给它的。我们必须承认，“恨”代表着自我和异己的外部世界的关系，因为这个异己的世界总是不断地给它痛苦的刺激。另外，由于中性态度开始就是作为“恨”的先导出现的，所以我们可以把“中性态度”看成是“恨”或者“抛弃”态度的一个特例，在开始阶段，“外部世界”“对象”、被“恨”的东西都是一样的，随着发展，物体因为变成了自我的快乐之源，所以才“可爱”。但这时，它又被自我吸收了，变成了自我的一部分。由此，纯粹的“快乐—自我”再次把对象看成是外在的、异己的、可恨的。

引起我们注意的是，和“自我”同“外部世界”的对立要通过“爱与无动于衷”的对立来反映一样，“快乐”和“痛苦”对立也是“爱”和“恨”的对立的表现。假如“对象阶段”取代了纯粹的“自恋阶段”的时候，快乐和痛苦的关系就代表着自我和对象的关系，一旦对象成了快乐感情的源泉，就会产生一种“运动”欲望，这是一种想摄取对象，并将之和自我合为一体的欲望，由此，我们可以说，“那造成快乐的对象”具有“吸引力”，或者说“我们爱这个对象”等；反之，如果对象会造成痛苦感情时，就会产生一种极力增加或扩大对象和自我之间距离的倾向，最初那种极力逃避外部世界来躲避有害刺激的关系就是它和对象的关系。由此，我们从对象身上感到一种“排斥”力，并开始恨它。随着恨意逐渐强化，就会产生出一种想消灭或者销毁这个对象的侵略性欲望。

我们将本能从对象中获得满足的现象称为它“爱”这个对象；可是相反，我们说它“恨”一个对象时这种说法并不是很贴切。由此我们认识到，本能和对象之间关系的特征并不是爱和恨的态度，“爱”或“恨”这两个词只有在描述作为一个整体的自我和对象之间的关系时才能使用。但是爱和恨的含义也有一定的局限性，当我们想到用另一种有关爱和恨的口语表达时就会出现这种情况。一般来说，在提到那些有助于我们自我保持的物体时，“我爱它们”这种说法并不常见，而是习惯于强调我们对它的帮助，也许另外加上另一种不同的语言成分，表示另一种“爱”的程度较小一些的关系，例如“我喜欢它”或“我赞同它”等。

由此，“爱”从开始时表示自我同对象间的“愉快关系”，变为用于主体的性爱对象，最后，只限于用到那些满足性本能升华之后需要的对象这么狭隘，词义变得专门化了。事实上，和语言的使用方式相一致的是，心理学把自我——本能和性本能也进行了相区别。举例来说，一般我们只有在表示自我和它的性对象关系时才比较适合用“爱”这个词，而不会说“某一种性本能成分”爱它的对象。由此我们知道，我们在使用“爱”时，是当所有本能成分都围绕服务于生殖的性器官组成的综合整体时才用的。

大家都明白，使用“恨”这个词时，其关系的痛苦特征决定其使用，而无须存在性爱快乐和性功能之间的关系。对一切成为其痛苦根源的对象，自我并不考虑它们是阻碍了性欲满足，还是只能满足自我保存和自我维持的斗争，它们都痛恨、厌恶，甚至有彻底消灭、摧毁的欲望。

综上，其实“爱与恨”这一组我们通常认为的根本对立的关系之间并不那么紧密相关。它们并非从同一个原始要素中分离出来，而是来自不同的地方，每一个都有自己特殊的经历，后来被撮合成为一组对立的感性范畴，只是受“快乐—痛苦”的关系的影响。

“爱”源自自我通过获得“器官快感”满足自身性欲的能力，它在最初时是自恋式的，后来转向并合并到自我之中的“对象”，现在更扩大范围，成为一种表示自我的动态追求，追求那些可以成为快乐之源的对象。在晚期时候，随着性本能的出现，它开始和性本能产生密切的关系，等到性本能完全综合为一个整体时，它就和整个性欲趋向合并到一起。

在开始阶段，“爱”展示为一种短暂的性目的，性本能则通过一种复杂的发展而消失。我们可以在其中识别出爱的一种变形，即“合并”或“吞食”阶段，就是消灭和清除对象中异已存在，我们可将之称为“矛盾心理”。随着阶段的发展，追求对象的欲望就变成一种掌握对象的冲动，这时，对它来说，损害和消灭对象则是非常正常的事情，所以，在这个阶段，爱的表现形式和“恨”对外物的行为没什么差别，唯有当生殖系统发育完全时，“爱”才成为恨的对立面。

和“爱”相比，恨与对象之间发生关系的时间较早，开始时“自恋的自我”对外部世界的排斥（这个世界不断强刺激）是它的来源，作为一种由外物引发的痛苦反应的表现，它始终和生存本能保持着一种亲密关系。所以，性本能和自我本能发展成对立的倾向是非常可能的，这种对立就是后来的爱和恨的对立。当自我本能支配性功能时，它们就将“恨”的性质，转嫁到本能的“目的”上。

通过爱产生的历史和源泉，我们可以知道，爱长期来表现为一种矛盾心理，即爱总是伴随着对同一物体的恨的原因。这种爱和恨的混合，部分可以追溯到爱的初始阶段，这一阶段后来并没有完全消失，并且自我本能的厌恶和痛苦的反应是其部分建立的基础，通过在自我利益和爱的吸引力之间频繁选择和衡量，这种自我本能最终才得到真正的动机支持。

所以，在上面两种情况中，由于生存本能的根本原因，恨才混入了爱之中。我们常常将随着和某一特定对象“爱”的关系破裂，就会有“恨”伴随发生，当作是爱转化为恨的过程。我们可以把这一特征和对“施虐欲”的描述相联系，换句话说，由于现实因素导致的恨，会由于爱本身而退回到施虐（淫）欲的最开始阶段，并更加强化。在这种状态下，恨开始具有了情欲特征，从而使爱的关系得到继续。

爱转变为被爱作为“爱”的第三种对立，其实是主动性和被动性之间转化的代表，我们可以用对待施虐欲和视淫欲相似的方式来判断。最后，我们总结全文可以知道，本能所经历的蜕变，具有它们总是服从于支配心理生活的三大“对立项”这个基本特征。关于这三大对立项可以分为：属于生物性的是主动性和被动性的对立，属于现实性的是自我和外部世界的对立，属于经济性的是快乐和痛苦的对立。

我将本能所经历的上述蜕变称为“压抑”，今后我还要在别的章节专门论述这个概念。

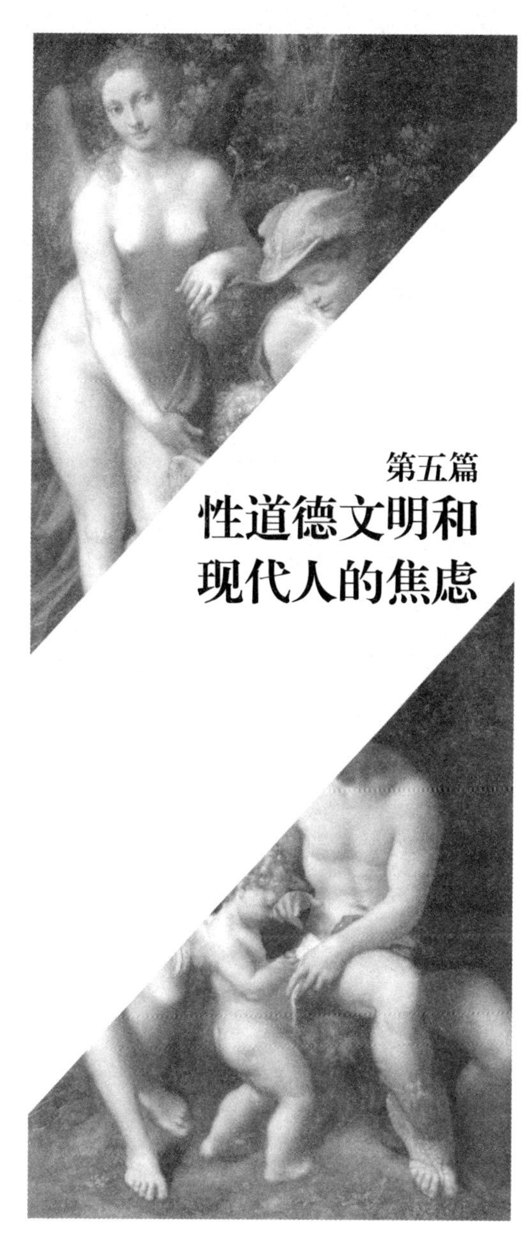

第五篇

性道德文明和现代人的焦虑

·第一章·

文明的性道德

艾伦费尔斯（Von Ehrenfels）新近出版了一本书，主要讨论性伦理学的问题，其中明确指出了“自然的”性道德和“文明的”性道德之间存在的差别。他认为，“自然的”性道德是对种族成员实行的控制系统，其目的是为了保持种族的健康延续和旺盛活力；而“文明的”性道德其目的主要在于激发人们更加专注、忘我地投入到文化活动当中。他还强调，如果想更彻底地看清这两种性道德之间的差异，那么只要把人类的天性和他所取得的文化成就比较一下就能看出来了。现在，我将引用他这方面的一篇论文来说明他的这种想法，当然这也是我观点产生的根据。

我们可以想象，假如“文明的”性道德压倒其他一切而成为最主流时，必然会损害个人的生命健康发展，假如这种为了顾全文明的整体发展而无限制地牺牲个人、伤害个人的话，结果对原来最初的目的也未必都有利。艾伦费尔斯认为西方社会现在通行的性道德法规必须对这些不好的结果负责任，并在他的论文中列举了现在已经出现的一系列恶果。他对这种性道德在推动文明发展取得的巨大成就给予了极高的评价和褒扬，但是他认为还存在一定的缺陷，需要加以改进。

今天的性道德，不仅把过去对妇女的要求施加于男人的性生活中，而且还禁止夫妻之外的其他任何性生活。虽然这样，但考虑到两性间在性需要方面的巨大差别，对男性偶尔在性方面的越轨还是宽容对待的，这无疑就是对男人的性道德采取了双重标准；假如这样的话，肯定不能让社会真正做到

“热爱真理、诚实和人道”。除此之外，它虽然鼓励一夫一妻制，但却导致了“性选择”范围的减小。由于考虑到人道和卫生方面，文明社会中已将生存竞争降低到了最低限度，那么，就只有进行“性选择”才能使得种族的品质改进发展。

艾伦费尔斯对性道德造成的各种后果认识还是比较全面的，但他还是不小心漏掉了一种，我们下面来具体分析一下。当今社会，由于文明的性道德，导致很多人都成了神经质或处于一种神经高度紧张不安的状态，并且这种现象愈来愈多。有时，神经病患者会主动向医生咨询：“我们不管自己有没有能力达到，但总想过得更好，所以全家都失常了。”他主动要求医生注意到他自己性情素质和社会要求之间存在的强烈对比，并想确定是否这就是导致病情的根本原因。

医生们也发现神经病经常产生在这些人身上，这引起了他们的深刻思考：他们祖祖辈辈原来都生活在乡下，生活健康、民风淳朴，无疑他们是非常粗犷并且非常有活力的。后来，他们突然来到大城市打拼，并且事业上小有成就，这时他们就希望培养自己的下一代，希望在最短的时间内将人类文明的成果全部灌输给他的孩子，使他成为人类高级文明的拥有者。精神病专家们还提出了别的具有说服力的证据，通过这些证据说明，日益增加的精神病人数目和现代人的文明生活不无关系，此种说法的可信性，只要从几个著名观察者的观点中就可看得一清二楚。

艾尔（W.Erb）说：“我们可以将这个问题的根本原因概括如下：在现代社会，以前列举的造成神经质的各种原因有增无减，是否这样的话我们就可以把问题的责任归咎到现代生活上去呢？关于这个问题的答案，我们可以随便看看现代生活的特征，那时就可以毫不犹豫地给予肯定回答了。

“我们看看下面的事实就知道了：在现代社会，只有通过付出巨大的心智努力才能换取和保持各种的杰出成就，才能创造出各领域的最新发明，才能促进社会在日益激烈的竞争中不断前进。在这残酷的竞争环境中，个人只有将全部心智力量都奉献出来，才能达到社会的要求。同时，享乐主义的欲望开始充斥社会的各个阶层，暴发户们因为一夜暴富从此过上了以前他们想都没想过并且也不习惯的奢侈生活，各行各业、各个阶层都有漠视宗教的现象存在，不易满足、贪得无厌的心态存在于越来越多的人心中。

“电话、电报等通信事业的迅速发展，造成了人们商业和旅行方式的改变，导致人们从早到晚都步履匆匆，生活处在高度紧张状态。人们为了充分利用时间，常常晚上坐车，白天照顾生意和应酬，即使周末或放假去郊游，神经系统也不能完全松弛下来。社会上各种政治、宗教、社会、党派利益、竞选等斗争，无时无刻不充斥着人们的思绪，不能得到空闲，就连娱乐、休憩、睡觉的时间也很嘈杂。高度紧张的大城市生活，那几尽衰竭的神经唯有靠强烈的刺激和纵情狂欢才能稍微振作，但一旦刺激之后，只会变得更加衰竭和劳累，由此形成了一种恶性循环。

“原来给人以享受的文学作品，现在也不发挥这样的作用了，因为现代文学关心的都是那些争论强烈、处于风口浪尖上的问题，它描述各种病态行为、性心理变态的人，把一些革命、反动的奇怪问题灌输给人们，通过挑动人们的肉欲来让人放松，从而无视基本的道德准则和崇高的理想追求。同时，各种嘈杂的音乐震动着我们的耳膜，让我们的耳朵不得清闲；剧院的节目层出不穷想尽各种办法来刺激我们的感官。创造性的艺术也从审美走向了审丑，抗拒现实，将那些丑陋的、令人厌恶的和暗示性的东西一览无余地给我们展现出来。毫无疑问，这段话虽然没有将全部细节呈现出来，但这样的图景完全看出现代文化变迁中的各种危机。”

宾斯·杠格（Bins Wanger）强调：“现代病症中最有代表性的一种就是神经衰弱症，这已经深入人心了。贝尔德（Beard）是第一位对这种病作出总体描述的人，当时他以为这是一种只有在美国才有的新的神经疾病，现在看来，他这种说法肯定是错误的，但有一个经验丰富的美国医生首先发现这种病，这个事实就足以表明神经衰弱症和现代生活方式是不无关系的。因为在美国，由于现代社会的发达，人们的感情更放纵不羁，对金钱和财富的追逐更加激烈，技术领域的进展也更加快速，早就打破了人们交流空间和时间的限制。”

克拉夫特·伊宾曾经也论述过：“现在，各种不健康的因素充斥着现代文明人生活的方方面面，它们直接作用于人的大脑，产生严重的毒害，所以，精神病患者悲剧性地增加是不可避免的事实。十年光阴，社会的商业、农业和工业发生了翻天覆地的变化，甚至包括社会和政治，由此人们的职业生活、公民权利和财产收入也发生了突然的改变，这些东西的得到是以牺牲他们的神经系统健康为代价的，因为会导致家庭和社会对他们的需要，需要他们付出极大的精力，这些精力的损耗是不管怎样都不能复原的。”

上述言论大体都是正确的，但有些并没有对这种神经质的具体情况进行详细描述，同时也疏忽了解释重要病情的原因，所以，现在我要补充一下，作出自己的评价。若我们跨过这种尚不明晰的“神经质形式”，而只看神经病患者的具体表现，那么关于文化的有害影响很容易就看出来，即占绝对优势的性道德在现代社会对文明人（或文明阶级）的性生活施加了非常不适合的压制所造成的。关于这点，我在其他系列专业性论文中已经作了非常详细的论述，现在只说最重要的论据，其他的则不再赘述。

通过病例观察，我们发现精神病症有两种，一种是真正的神经（机能）病；另一种则是神经症或叫精神病。关于真正的神经（机能）病，大都是因为某种神经毒素过剩或缺乏造成的，所以，不论是从身体还是从心智的症状来看，都表现为中毒的样子，这样的神经症我们叫作“神经衰弱症”。原因多由于性生活失调引起，而无须从遗传方面找原因。因为从这种病的临床症状就可以推测出性生活是怎样的，发病形式和毒性性质之间的关系表现得非常密切。

前面所说的文明造成的各种有害影响，在这里也是没有任何踪迹的，所以，我们可以确定，性方面的因素是造成这种真正的神经性疾病的主要原因。至于神经症，其真正的发病原因并不清楚，好像遗传因素的作用稍微大一些。但我们通过精神分析法可以发现，像歇斯底里症、强迫神经症等都是由于被压抑的潜意识活动中各种观念化情结造成的，均是心理性的。并且从广义上说，这些情结都有着性的意味，代表着一种使人满足的替代性力量，来源于人的不满足的性需要。所以，所有伤害性生活、压制性活动、改变性对象的因素都可以看成是造成神经症的原因。

在理论上，尽管我们可以在很多患者身上同时看到上述两种病因，但是我们将毒性的和心理性的神经疾病区分开来还是非常有必要的。

所有同意我观点的人，并且也同意将性生活的不满足看作是造成神经疾病的人，也会赞同我接下来的观点，可以在更大的范围内分析现代化生活中神经疾病不断增加的原因。

通常来说，本能的压制是我们文明建立的基础。在现代文明中，人格中的支配欲、好奇心、侵略性和报复心等倾向都是需要作出一定牺牲的，通过这种牺牲从而积累起仅供公众用的文明的素材和精神的财富。家庭的情感，连同它的性的根源，大大超出或凌驾于生存竞争之上是促使个人作出这种牺牲的主要原因。在文明的发展过程中，这种放弃是循序渐进的，并且逐渐走向了宗教神圣化。即牺牲满足个人本能的需要，奉献给神灵，由此得到的公共利益就被定义为“神圣的”。那些变为罪犯的人就是因为本能冲动过于强烈而没有压抑住，不符合社会要求造成的，当然如果他有显赫的地位或者出众的才华的话，他就成了一个伟大的英雄。

通过心理分析研究证明，动物的性本能是有周期性限制的，人的性本能，包括性本能中的各种冲动比之动物要强大得多，持续的时间也更长久。不论目的如何变化，强度依然保持，这是人的性本能具有的一种典型的特征，正是由于这一特征决定了它的绝大多数精力都供“文明活动”使用，即将原来的“性目的”转化成一种“非性目的”的能力，但和性目的仍有心理关系，我们将这样一种能力转变称为升华作用。对于文明来说，这种转移是非常有益处的。但同时，性本能还有它顽强的固定倾向和转移作用相对抗，这种倾向使得它宁可退化、变态也不愿受到阻止而改旗易帜。

所以，由于性本能的原始力量因人而异，那么性本能的升华作用也不会是完全统一的。我们可以说，一个人的体质和遗传因素决定了究竟有多少性欲升华为别的用途，当然，环境和知识等各方面对心理的影响，也会使本能升华得更多。可本能中转移或升华是有限度的，因为就像发动机器时的热能不可能完全转化为动力一样，人的本能也不可能由于各种努力实现完全升华。所以，某种程度的直接的性满足是非常必要的，可以保证其他绝大部分自然本能顺畅和谐；相反，如果不能满足这一需要，那么个人的生活能力将会受到伤害，并且带来痛苦，成为病态。

我们可以换一个角度去观察这个问题，其实在人类的发展早期，性本能只是为了达到某种快感，而不仅仅是为了生育，认识到这一点，我们的眼界就豁然开朗了。人在达到快乐的目的同时得到满足，这是幼儿期很明显的特征，但这种满足感除了有性器官方面的，更有身体其他部分的快感区的感受，因此，儿童常常不顾身外的其他目标，而只是执着于一些容易取得快感的区域。这一时期也被我们称为自体享乐期，并将之作为进行儿童培育的特殊时期，因为，如果延续过久，性本能在以后就可能变得更难控制，或毫无用途。之后，随着性本能的发展，幼儿开始从自体享乐转向热爱对象，各个快乐区的独立感受也就逐渐发展成伴随性器官快感的次要感受，到这时，快感就和生育有了直接的关系。在这个过程当中，那种和生育功能没什么关系的自体之内引发性兴奋的方式就被压抑了，并适时升华转化为他用。这就意味着，绝大部分性兴奋中所谓的“错乱”成分受到了压抑，这种压抑就是文化发展动力的源泉。

和性本能的发展过程相对应，我们可以将整个文化的发展过程也划分为三个阶段：在第一阶段中，各种非生育性的性行为能够随意地进行。在第二阶段里，其他各种非生育性的性行为全部受到压制，而只有生育性的性行为允许进行。在第三阶段中，只有“合法的”生育，才能作为性的目标。这个第三文化时期的代表就是我们目前流行的“性道德”观念。

我们不能否认，如果我们将第二阶段作为性道德的标准的话，有很大一部分人，由于天性的影响是不能适应这样的要求的。所有的人无一例外都不能把性欲的整个发展过程完全准确地完成（从自体享乐到热爱对象，再到性器官结合）。这就是说，所有的性欲发展都会受到干扰和阻碍。在这种障碍之下，必然会产生两种有害的结果或者与正常文明性爱相偏离的两种方式。

我们可以用一枚硬币的正面和反面来说明这两种方式的关系（这里不包括那种性本能非常强烈而无法控制的人）。第一种是不同类型的性变态者，由于他们婴儿期那种原始的性满足方式往往被固定，所以生育功能的确立就受到了妨碍。第二种是同性恋者，即性颠倒者，我们到现在无法理解，他们的性对象不是异性。

既然干扰和阻碍总是存在于性的正常发展过程当中，那么这两种性变态的人数目预计应该不是个小数，可事实并不是这样。这是因为，性本能的发展是非常灵活的，它有一种非常复杂的自我调节能力。不论在发展过程中，性本能中是一种、两种或更多成分受到阻碍、未得到发展，性生活都会通过各种其他形式表现出来。那些天生的性颠倒者或同性恋者之所以能成为杰出的人物，就是因为其性冲动成功地升华为了“文明的”东西。

当然，如果性变态和同性恋表现更为强烈，成了性欲的全部，就会导致严重的后果，这种人会受到社会排斥，也得不到任何幸福和欢乐，由此，即使在第二阶段，也会有很大一部分人遭受苦难和不幸。这样一部分禀赋异常人的命运，取决于性冲动客观上表现的强弱。但大多数人不会和这阶段的文明性道德发生正面冲突，因为多数性变态的性行为不那么强，所以能成功地压制这种反常倾向。但我们可以预见，他们在这种压制性本能的情况下，由于精力被耗尽，成就也不会太大，对文明的建树也不会太大；这些人的心智必然发育不完全，行为举止也会十分怪异。至于那些在文化发展第三阶段中被禁欲的人，不管男女，都会有着这样的下场。

假如一个人的性本能十分强烈，但却是颠倒的强烈，那可能就会造成两种结果：第一种毋庸置疑，这种人会不顾制止而坚持性颠倒，对当前社会文化中流行的道德准则视而不见。第二种就比较复杂，这种颠倒的性冲动确实受到教育和社会要求的压制，但却不是真正的压制，而是一种半途而废的压制。从表面看，这种抑制还是起了一定作用的，至少抑制后的性冲动要通过其他方式表达，而不再直接呈现出来，当然，结果对他自己依然没有益处。由于他和没有压制时一样，对社会依然不会有什么作用，这就抵消了压制成功后带来的好处，那么我们从长远来说，这种压制就是无效的。我们所说的神经症就是指这些在性本能遭受压制之后形成的替代现象。

神经症患者生来就具有反叛的潜质，“文化要求”对他们本能的压制取得表面的成功，而且逐渐变得更加无用，但从他们而言，要能基本符合文明生活的要求，需要付出极大的代价，而付出代价就会带来心理的空虚，所以，在很大一部分时间里，他们都在遭受病魔的折磨。在神经症患者中，性变态倾向尽管已经被压抑，但还会从心灵的潜意识中部分地表现出来，由于潜压抑的倾向和明显的性变态表现并无本质的不同，我们可以将之定义为性变态的“消极面”。

众所周知，如果普通人挑战自己的极限，那么他们的天赋其实很难和文化相一致的，所以，那些不顾自己实力，而对自己高要求高目标的人，最后超出了自己本能极限的人，最终只能成为神经症患者。相反，他们要想过得好一点儿，就需要接受自己的不完美和不成功。我们对同一个家庭内各成员的心理状态进行分析就会发现，性变态和神经症是同一种现象的正反两面或者说是积极和消极的两面。

例如，在一个男孩是性变态的家庭中，本来性本能就稍微软弱的女性在家中常常就成为神经症患者，可是症状却表现为和性冲动较强的兄弟相同的倾向。所以，在很多男子健康的家庭里，在社会的观点来看，却是没有标准的道德败类，而看上去庄重拘束的女孩，虽然十分小心，却有些神经质倾向。对于生活在同一个社会中的人来说，文化要求他们在性生活中也遵守相同的模式，就是不公平的。因为，对于适合这种行为模式的人来说，他们是很容易执行的；但对一些不适合的人来说，就要在精神上作出很大的牺牲。其实，实际情况并不完全和理想模式吻合，这种不公正的情况出现没那么多是因为人们对这种道德戒律是不屑一顾的。

上面这些都是在第二文化发展阶段发生的，因为这一时期内正常的性交是不受限制的，但任何反常的性行为都会被禁止。我们会看到，尽管有了区分性自由和性禁止的分界，但还会有不少人被认为是性变态，而另外一些极力挣脱性变态倾向的人，最终又会成为神经症患者。由此我们很容易推测出，如果进一步限制性自由，让文化要求的性道德标准上升至第三文化阶段，并禁止正式夫妻之外的任何性行为，那么在这种情况下，由于性冲动非常强大，他们在自身反叛天性的双重压力下，就会增加很多逃避神经症的人。

·第二章·

现代人的神经症

由此我们需要回答三个问题：1.根据第三文化阶段的性道德要求，个人要承担什么样的责任？2.如果禁止所有其余的性行为，那么唯一合法的性生活能否真正满足需求？3.是否只有禁欲这样危害个人利益的行为，才能推动文化发展？我们如要回答第一个问题，就首先要讨论一下现在吵得沸沸扬扬的禁欲问题。

文明发展的第三阶段要求，男女在结婚之前要禁欲，若是不结婚的人则只能一个人单身一辈子。各类专家包括医生在内都赞同说禁欲没那么难，也没有那么多坏处，但实际上，即使耗尽一个人的所有精力也未必能控制住强烈的性本能冲动。只有少数人能让性冲动的力量经过升华转化到高级的文化活动中。毫无疑问，在他们的一生中，只有断断续续地转移，而热情似火的年轻人性欲极强，要做到禁欲则难于上青天，至于其他的人，或者会犯罪，或者会得神经症。

通过研究发现，我们现在的社会，对于大多数人来说，天性并不合适禁欲，因为，对于那些在文明发展中级程度的性限制下也会进入病态的人，那么在现代文明性道德的压力下，只能是病得更早也更严重。众所周知，要想补救正常性生活中因为先天不足或发展过程中受到干扰破坏而受到威胁最好的办法就是性满足本身。由于构成性欲的各种冲动被阻碍得越多，就越难以准确控制，那么陷入神经症的可能就越大，禁欲也就越不可原谅。可是，由于性满足的机会越来越少，在人们心中增值就越来越高，原欲在受到挫折之后，需要及时寻找发泄途径，所以那些经受得住第二文化阶段道德限制的人，在第三阶段后也难免陷入神经症，这种由替代对象求得满足的方法，只能导致病症形成。正是这种当今社会对性本能种种限制之后才导致了这样严重的结果。

对于第二个问题，合法婚姻的性交能不能满足之前的限制造成的缺失，这还是个问题。通过分析大量材料，我们认为这是不可能的。因为我们知道，现代文明性道德也要限制和干涉夫妻间的性行为。通常来讲，它只允许夫妻之间以生育为目的的动作来满足需求，也正因为如此，结婚之后能进行性交的时间只有几年，其中还包括女人如经期等不合适的时间。这样，三五年之后，夫妻因为苦恼于节育的原因，就会伤害性感，也会使男女双方之间美妙的感情消失得无影无踪，这样婚姻就不能满足性的需要，甚至直接造成病症。这种担忧性交后果的情绪，无疑首先破坏了男女互相抚摸身体的愉悦之感，随后也会损害精神和感情上的温柔体贴，在失去婚前的美好幻觉，又发现夫妻之间精神失望、肉体快感减少的情况下，会感到自己进入了一种比婚前更悲惨的境地——要竭力控制欲望，严防本能的泛滥，这对于一个成年男子来说简直是不可想象的。

实践证明，男人这时会不顾性道德的限制，宁愿冒着风险，也要争取最后一点儿自由，去偷情做爱满足生理的欲望。男人的这种做法，就是社会的“双重”道德法则，这样一来，无疑说明了社会这个要求的不合理，他从开始就不相信他对社会成员的要求能够真正做到。经验还说明，作为繁衍后代和相信爱情的女人，升华能力也不是无限的，开始她们可以将吃奶的小孩来替代性对象，但孩子长大后她们的快乐也随之失去。妇女们面对失望的婚姻生活，必然会终生陷入严重的心理病症中，并因之而受到折磨，所以，现在文化标准的婚姻，根本不能解决女性神经症的问题。

我们知道，只有相当健康的女孩才能忍受现代的婚姻，可是我们作为医师还是只能劝女孩结婚。我们也不建议一个男人去娶曾经患过神经症的女孩，因为只有婚后偷情才可能治愈这种神经症。例如，因为幼年教养较好、管理严格的女孩，她心理上不希望违反现代文化的要求，更害怕偷情的解脱方式，可她只有逃回到疾病状态才能保护她的美德和抵抗情欲的诱惑，只有在病态中才能逃脱本身情欲和责任的重压。因此，现代文明社会，年轻人在结婚之前所忍受的煎熬，只能维持几年，之后就不能再满足需要。所以，它完全不能补偿之前禁欲所造成的痛苦和缺失。

对第三个问题，很多人认为，禁欲所带来的好处远远大于它带来的危害，是利大于弊，这包括承认文明性道德会有不好影响的人们。他们认为，这种危害只是少数人。但在我看来，我们是无法准确估计出得失多少的，我现在想重点分析一下文明性道德造成的损失，以引起人们的关注。这里还是要回到禁欲的问题上，它不仅会引起神经症，其实关于这点我们都没有完全认清，它也还会造成其他的危害。

当今教育和文化的一个重要目的就是延缓青年人的性发展和性活动，这件事看起来顺理成章。因为我们联系到现在年轻人和之前相比独立谋生的年龄推迟了，那么延缓性活动也无可厚非。可是，我们经常会被提醒，现在文明制度之间互相联系，牵一发就会动全身，想改变其中一种，那是非常不容易的，也就是有些是不能再改的。可是，我们认为让一个超过二十岁的男子禁欲，那么不仅不会有益处，反而可能使其陷入神经症，沾染其他不良习惯。确实，压抑强烈的性本能，让他的兴趣转移到审美和伦理上去，会锻炼一个人的“坚强”性格，这可以通过一些生性特殊的人表现出来。所以，我们会认为：他们压抑性冲动的程度导致了人和人之间性格的强弱悬殊。可是，对于大多数人来说，尤其是年轻人，当他需要竭尽全力去压抑性冲动时，同样也需要竭尽全力去获得各种物质需要和社会地位。

当然，由于每个人不一样，其所从事的职业也不同，那么他要更出色地“升华”，在追求性方面投入的精力多少也是不一样的。对于艺术家来说，禁欲几乎是不可能的，因为，艺术家需要性行为的强烈刺激和激荡才能激发他的创作灵感；而对于年轻的知识分子来说，禁欲却可以使他们更加专注于工作，取得更大的成就。在我看来，强大、自负和无畏无惧的行动者不可能是由禁欲造就，天才的思想家和无所畏惧的改革者和创新者更不可能由禁欲造就，一般来说，禁欲只能产生一些善良的弱者，最终他们只能跟从在坚强的开拓者后面，淹没在庸俗大众里。

性本能特有的执拗性和反抗性往往由于努力禁欲反而愈发强烈。文明教育的目的只是为了生育繁衍，才能允许结婚后自由地发泄，而在结婚之前性本能是要被暂时压制的。有些人和一般人比起来，禁欲更彻底更极端，但结果却造成更意想不到的结果：当他们性冲动可以自由发挥的时候，他们已经失去了这个能力，而成为永久性的无能。所以，那些在年轻时曾经彻底禁欲的男人，日后肯定不会是个合格的丈夫；女人们对此好像也有一些了解，所以她反而喜欢那些曾经有过性经验、能证明自己性能力的男性追求者。对女人来说，结婚之前的禁欲会造成更严重的后果。

现代的文明教育总是为了压制少女的性欲而制定出严格的道德要求，褒扬那些保持贞操的人，禁止她们进行性交，避免她们受到性的诱惑，同时也决不允许那些不能走向婚姻的爱情冲动，这常导致她们自己结婚之后还对很多性方面的知识和作用茫然无知。当她的父母认为她已经长大可以谈恋爱的时候，可她却还完全没有准备好，糊里糊涂就进入了婚姻生活，并且也不知道这是否就是自己的爱情归宿。这种结果显而易见，由于长期以来人为地压抑爱欲，结婚之后对丈夫的爱情根本无法回报，从而打破了丈夫未婚时多年幻想的美好生活。

女人则由于多年来处在双亲权威的压制之下，结婚后仍然没有从这种精神上脱离出来，致使她在肉体上表现出性冷淡，她的丈夫在做爱中也必然得不到什么乐趣。这种性冷淡的女人在那些文明尚未开化的地区是否也存在？我猜想也许可能。但无论如何，是由于她接受的教育才导致了这种现象的出现，这样的女人由于无法理解性爱的乐趣，所以她必然不情愿承担怀孕的痛苦去繁衍后代。这就意味着，婚前的教养对结婚后的结果是有不利影响的。当经过很多年，妻子的观念逐渐转变，唤醒了埋藏已久的爱情，产生了强烈的性欲，可长期以来夫妻间的冷战已不可能使这种感情重现了。她前期对传统的屈从，导致现在只有三条路可走：那就是忍受性的饥渴、在外面进行偷情、陷入神经症。

我们认为，人对生活和其他方面的反应和态度往往是处理性问题时行为模式的具体表现。如果一个人能锲而不舍地爱一个人，那么他在追求别的目的时也必然不达目的誓不罢休，这样必定容易成功；如果一个人由于各种原因而禁欲，不让性本能得到满足，那么他在生活的其他方面也常会畏首畏尾，停滞不前，消极怠慢。特别是女人，从她的性生活中可以看到她对人生其他方面的态度。女人长期被教育不允许去了解性方面的知识，认为这不是淑女所为，虽然她渴望获得，但是这方面的想法将会被贴上道德堕落的标签。由此，她们会变得畏缩不前，即使一般问题，心智问题也变得毫不关心。

这样对性领域的长期压制会产生两种向其他领域扩展的方式，一种是必然的浮想联翩，一种是“自动化”或“潜移默化”，这就像一些信教人士对宗教禁忌的自动遵守，或是自动禁止和信仰不符合的思想观念。莫比尤斯认为，生物学因素是男女思想活动和性行为差异的决定性因素，那么女性思维能力的低下主要是由其生理特征导致的。很多人包括我很不赞成这种说法，相反，在我看来，女性的性压抑过程才是导致智力低下的重要因素，因为这种压制禁锢了她们对各方面的探索。

现在我想来仔细区分一下禁欲的两种不同类型，可分为禁止一切性活动的禁欲和只禁止异性性交活动的禁欲。很多自吹禁欲很容易的人其实并不名副其实，因为他的禁欲并不彻底，而是靠手淫或者其他和儿童早期自慰相似的方式进行的。用这种返回或退化到婴儿期的性满足方式来替代性生活，很容易诱发各种神经症或精神病。

另外，手淫是完全不符合文明的性道德要求的，这迟早会造成年轻人和其接受的教育理论不相对应，这和他们原本想通过禁欲所要逃避的冲突是一样的。最后，通过手淫或自慰来进行的禁欲也会损害人格的发展，首先，一个人在生活其他方面的态度可能和在性方面的态度是一致的，他幻想做任何事情都不经过痛苦和努力，选择捷径来达到，那么这种态度注定是不能取得重大成就的；其次，通过这种方式而带来的性满足，会导致他对性对象的要求标准高于他实际可能的条件，甚至在现实世界中，他认为没有一个女孩能令他满意。一本维也纳刊物《火炬》曾刊载过幽默作家克劳斯（K.Kraus）的文章，他曾经用一种自相矛盾的方式描述了这种现象："性交和手淫比起来，后者只不过是一种暂时的不完美的代替而已！"

避免两性性器官的结合成为禁欲的焦点，这是文明制度制定的严格标准和人们竭尽全力所要做的禁欲要达到的同一目标，在这之外，它还鼓励其他形式的性活动。如果这样的话，就会导致两种概率相当的结果。一是，由于文明的道德要求，禁止正常的性交方式，还有人们害怕感染性病，出于卫生的考虑，导致以身体其他部位来代替性交的反常性交形式则风生水起，广泛流行。大多数人认为这不足为奇，只是变换一种性交的口味而已，无须大惊小怪，其实这不只是口味喜好的问题，从伦理上来说，它破坏了两个人的爱情关系，使一件非常郑重的事情变得不值一提，更无心为它冒险和费心，这严格来说应当受到谴责。

二是，假如阻止了正常的性生活，那么毫无疑问，同性恋的数目会大幅度增加。经验证明，同性恋患者中，除了天生患有这种倾向和幼年在环境影响下沾染上此种恶习的人之外，很大一部分走到这个支流中去都是因为成年之后，原欲的主流受到了阻碍才造成的。

从文明的性道德来看，婚姻是所有性倾向的唯一目的。但是坚持禁欲却导致一切以走向婚姻的准备条件遭到了彻底摧毁，这是所有认为禁欲造成惨重后果的人都认识到的结果。对于男人来说，由于手淫或其他反常的性经验，他的原欲已经习惯这种方式，而对真正的婚姻不感兴趣，他的性能力无法真正发挥，婚姻就成了有名无实。对于女人来说，长期以来她通过反常手段来保持童贞，那么结婚后她体会不到性交的愉悦，只能导致性冷淡。这样，在开始就不具有强烈吸引力的双方，要想分开自然很容易。

其实，对于一个因长期受到错误教育理念的女人来说，一次强烈的性经验原本可以克服其性冷淡倾向的，但是如果刚好遇到一个性能力不强的男人，男人得不到满足，她也只能继续保持对性的冷淡。在这种夫妻中，由于男人较弱的性能力，他根本无法接受忍受避孕工具的束缚，那这样他们之间避孕措施是非常难以操作的，这样，性交就失去了原本的愉悦性，反而成为一切问题的根源。随着他们对性交的放弃，那么婚姻的精华也就不存在了。

关于这种情况我毫无夸张之处，这是显而易见的，所以请有关专家关注一下这点。常人很难想象，现在文明性道德的束缚下，只有极少数男人有正常的性能力，而患性冷淡的女人却越来越多；并且，为了维持这种婚姻，夫妻之间要付出巨大的代价，可是他们从中得到的东西是少之又少。毫不客气地说，他们原本期望的幸福在这里根本不可能得到。

我想说的是，这种婚姻除了对夫妻两个人造成不良影响之外，还会影响到他们的子女。表面看，我们认为是父母的遗传才导致了孩子的病态，其实，我们仔细观察就会发现，起决定作用的是儿童期的强烈印象。由于母亲和父亲不是很和谐，那么神经质的妈妈就会将爱转移到孩子身上，从而过度地关心和爱护他，这样儿童的性感受会随之被过早地唤醒，使他在婴儿期就感受到强烈的爱、恨、嫉妒等。但是我们知道，在这样严谨传统的家庭中，孩子所接受的教育是必须压抑那些早熟的性欲，从而无法得到表现，这样，孩子就承受了更多的压力，培育了导致冲突的各种条件，这些会让孩子一生都受到神经症的折磨。

我要再次强调：人们常常低估了神经症的严峻后果。我并不是说人们将一个患神经症的朋友当成正常人看待和交往；也不是说医生给他一些精神安慰，建议他连续几周进行冷水浴或安心静养一段时日。因为，这些只是外行和对这方面知之甚少的医生的看法，他们这样做只能达到短暂安慰的目的，根本起不到其他重要作用。

实际上，一个长期得神经症的人，就像患肺结核或心脏病一样，虽然没有完全瘫痪，但是他一辈子都会背上沉重的十字架。由此说来，社会中患神经症的人很多都是行尸走肉，形同废人；而症状较轻的患者，其精神上也总会受到痛苦的折磨。假如真是这样的情况，那还算好的，因为损失是可以预料的，但事实上情况并不容乐观：因为，不论多少人患这种病，也不论这种病会传播扩大到什么样的范围，但是最终结果都会导致社会并不能达到它最初的目的，它曾苦心经营要压制那些有害的精神力量，但聪明反被聪明误，到头来却被这些力量所害。牺牲个人是社会推崇的道德法则，但是它并不能从中得到任何好处，因为，假如社会中真的充斥着大量的神经症患者，这个社会的好坏就不言自明了。我们可以举例来说明这个情况，一个女人不论性生活还是日常生活经验她都不能得到满足，那么她对丈夫根本毫无感觉，可是由于社会道德的教育，她又必须得热爱她的丈夫，这样才能符合社会定义的理想的婚姻状态。由此，她只能采取各种手段来压制自己的真实感情，违背自己所追求的目标，倾尽全力去做一个所谓的温柔、体贴、顺从的好妻子，但这种压抑过久，她迟早会患上神经症，这样，丈夫的负担就变得更重。

从丈夫的角度来看，这就像是一种报应，他从中得不到任何满足和愉悦，反而是无尽的麻烦，与其这样，他宁愿妻子公开坦白说不爱他，也不愿如此痛不欲生。从这个例子我们看到造成一个神经症患者带来的连锁反应。这里，除了性冲动之外，社会压制的一些其他有害的冲动也同样得不到它预设的补偿。例如，一个天性暴躁的人要想变得非常“慈悲”，那么他需要付出巨大的精力，作出相当大的牺牲，这很可能已经超过了他所能得到的东西，就是说，他因此做的善事和之前没有压制天性比较，很可能还会更少。

我们知道，对性活动的严格限制会极大地增加人们对生存的焦虑感和死亡的恐惧感，任何一个民族都不例外。这种既干扰人们享受生活乐趣的能力，又摧毁他们冒险精神和大无畏的勇气的心理状态，会导致人们不想繁衍后代；一个不能繁衍后代的个人或民族，早晚会灭亡。那么我们还要去为这种文明的性道德而牺牲一切吗？作为一个社会的人，人生要享乐的观念和个人幸福是文化发展目的重要一个部分的观念不时提醒我们，我们不希望牺牲自己去维护一个毫无意义的制度。我只是一个医生，我没有涉及一个改革方案的权利，我的义务只能是参考艾伦费尔斯先生的意见，列举出文明道德的各种恶果，并指出它导致文明人神经质不断增加的事实。我通过自己的补充和进一步解释，希望让人们认识到，实施性道德的改革已迫在眉睫了。

第六篇

爱情心理学

·第一章·

男性选择对象的原则

长期以来，爱情一直是诗人和想象力丰富的作家们乐此不疲进行创作的话题：什么样的条件能促成“爱恋”的发生？或男人和女人选择自己爱恋对象的标准是什么？当合乎自己理想要求的对象无法从现实中找到时，他们怎样通过幻想来满足自己需求的？这方面，文学家与生俱来的优势，使得他们非常适合去做这件事。他们直觉敏锐，能清晰地透视他人潜在的情感活动，而且勇于将自己无意识的心灵展示给人看。可是由于文学家们总是受到某些条件的限制，他们需要带动受众的情绪，同时要激发人们在理智和审美等方面的快感，导致他们不能完全反映生活的真实情况，所以从探索真理的角度来看的话，他们的作品价值就会受到很大程度的削弱。

举例来说，为了突出重点，防止无足轻重的东西干扰整个故事，文学家往往把某些真实的事情部分舍去，然后用别的材料去填充，最后还需要整体前后统一，加工粉饰。这就是所谓的“诗的破格”。文学家描述生命，反复琢磨这几千年来不断带给人快乐的材料，但却不特别关注各种心理的起源、发生和发展。为了了解事实的真相，需要我们借助科学来研究，对这些问题做进一步的分析。不过，由于科学的机械、教条，在解决这些问题之后，并不一定能得到一个令人愉快的结果。当然，这种不愉快，从反面证明了我们对两性之爱和其他事情的研究，不是艺术的，而是完全符合科学的。通过科学研究，我们会发现，人是在多么高的程度上宽容着违背“快乐原则”的行为的。

通常，精神分析家在对病人进行治疗时，能有机会进入神经症患者的情欲世界，同时对此留下深刻的印象。其实有时候，某些身体健康、智商较高、品德高尚的人也会有和病人一样的表现，精神分析家对此也偶尔见过或听说过。如果幸运的话，他可以观察并收集到丰富的资料，由此心中的印象可以逐渐明晰，可以将人们的恋爱方式作个分类统计。

男人对性爱对象的选择有很多的种类，我们现在先讨论其中一种有点奇特的种类，这种人的“爱情事件”经常会让旁观者（或自已）感到十分迷惑，我们只有通过精神分析法才能获得较为清晰的思路。

一、这类人爱情选择的条件最重要的也是必不可少的条件是“无论什么情况，都必须有被伤害的第三者”。也就是说，对于如少女、寡妇等无所属的女人，他们绝对不会去爱，他们只爱并且是永远只爱那些被别的男人爱过或占有着的女人，而不管这些男人是已婚的丈夫、未婚的男朋友还是婚外的情夫。甚至有的人呈现出一些极端的特点，即那些无所归属的女人就不能引起他们的爱欲，还会受到他们的鄙视，可一旦这些女人和其他男人产生了上面的所属时，对他来说，这个女人就变得对他非常有吸引力（假如身边有人有这样的特征的话，就可以将他归到这个类型，当然如果继续观察，这类人也还有很多别的特点）。

二、这类人爱情选择的第二个条件是：他们对纯洁善良的女子并不感兴趣，而那些不重视贞操、性生活混乱的女人对他具有不可抵抗的诱惑力。这种特点也分不同的层次，有的喜欢妖艳而稍有艳闻的有夫之妇，有的则喜欢有众多情夫、像妓女一样的“大众情人”，从低到高，各种程度都存在，他们喜欢的就是这个感觉，换句俗话说就是“非野鸡不爱”或具有“青楼恋”倾向。这种条件不是很多，但是却十分引人注意，第一种类型大多是上述第一种条件和这里的第二种条件的混合，只是各自所占比重不同而已（当然，有的也只有第一种条件就可以）。

这两个条件是这类人爱情的必要条件，第一种条件促使他为了维护自已爱的人勇于去和别的男人作斗争，满足他的敌对情感需要；第二种条件则满足他由于女人的放荡不羁而产生的嫉妒情绪。他们认为，只有那个对象有众多的追随者，其价值才会较高，甚至高得无法攀附。也只有这样，才会点燃他的嫉妒之火，让他的热情开始上升。因此，他们会非常警惕，对女方的任何一点儿行为都会小题大做，从而激发他的欲望之火。但是，他从来不嫉妒这个女人的丈夫等合法占有者，而是她新认识的人，甚至一切有可疑现象的陌生人，这是非常令人奇怪的一点。

在多数情况下，这个人只是喜欢保持一种三角关系，从这之中达到满足，他对单独占有对方并不是十分感兴趣。我曾经碰到这样一个例子，一个病人经常闷闷不乐，原因是他的情妇总是背着他和别的男人交欢，相当放荡，但有一天，他知道女方要结婚，他极力支持，没有丝毫反对的意向；并在之后的很多年中，他也不会因那女人有丈夫而妒火中烧。还有一个例子，一个男子十分嫉妒他情妇的丈夫，很长一段时间都要求女方和她丈夫离婚，但随着时间发展，他渐渐不再那么关注和在意了，对情妇的丈夫能做到像对其他男子一样了。

上面说到的都是这种类型的男人喜欢什么样条件的爱恋对象。下面我们也分两种情况来分析一下，他们对自己恋人的情况是怎样的。

一、一般来说，正常人都敬重那些贞洁贤淑的女性，而鄙视放荡风尘、性生活不检点的女人，可是这类人却有着和常人相反的爱情观，他们往往喜欢淫荡花心的女人，越是招摇轻佻，越让他们痴迷疯狂。他们对这种女人往往没有抵抗力，沉醉在温柔乡里不能自已，只有这样的女人才能令他心动。爱上之后，又同时要求对方对自己一心一意。由此，这种爱情必定要经受一段曲折的历程。众所周知，所有的热恋行为都在某种程度上是一种强迫行为，对这类男人来说，这种强迫欲望更加激烈。他们无法阻止自己爱上这种无力抵抗的女人，这种强迫冲动没有办法可以控制。在某一次的恋情上，他是专一、热烈的，但令人大跌眼镜的是，他们的一生并不会只有一次这样的热恋，而是随着迁居、换工作等个人生活条件的变化，不断更换情妇。这样的经验贯穿他整个人生，每一次都几乎和上一次一样热烈，最后，他们这种经验就会累积得越来越多。

二、在这类人的性格中，那种希望成为他爱恋对象，并拯救对方的欲望最令我们惊奇。在他的思想里，坚定地认为对方十分需要他，倘若没有他的助力，对方肯定会走上岔路，生活凄凉。所以，他认为只有自己才是她的保护人，只有通过管住她、不让她离开的方式来保护。我们认为，如果一个女人散漫放荡、言而无信，或者生活拮据、无所依靠，这种保护欲是有意义的、可行的；但他会对任何他喜欢的对象都有强烈的保护欲，即使对方生活一切安好。这种例子我在现实生活中就曾经遇到过，一个男人总是对女人用尽心机、极尽讨好之能事，而当他一旦得到这个女人，他就采取一切手段，让对方对自己专一忠诚。

我们总结一下这类人的各种特点：他们总是喜欢已有归属的女子，并且必须轻浮风骚，他爱的就是这种感觉；他每天都怀着强烈的嫉妒心，这种心理刻骨铭心；每次热恋都信誓旦旦，但总是移情别恋；他总是特别地想保护他的爱恋对象，而不管是否需要，等等。我们若从这么多的表现里找到最根本的根源具有一定的难度，但是，要是用心理分析的方法来透析这类人的性生活时，这就有可能并且可以得到一个较为令人满意的答案。

和正常人的爱情大体相似，这类人不论在选择对象的标准设定上，还是在恋爱的进行方式上，其根源都非大相径庭，都是幼儿时代对母亲眷恋之情的固定，他们只不过是固定表现的多种形式中的一种而已。常人选择对象也依然存有“母体原型”——年轻人对成熟女性的爱恋的痕迹，但他们的原欲从母亲身上脱离还是没那么困难的。可是这类人，由于他们的原欲倾注在母亲身上时间过长，所以，虽然已经过了青春期，但他们在对象选择时依然受到母亲特征的深刻影响，他选择的对象使我们相信这个对象乃是他母亲的代替。打个比方说，顺利生产的婴儿，头部大都是圆的；但若不幸，母亲难产，持续时间较长，生出来的婴儿头部很可能就像是母亲的骨盆塑造成的。

自恋母亲的情感导致了这类人的对象选择和爱恋方式，为了加强这个论述，我们还需要寻找一些别的充足的证据。第一个条件“所爱的女人必须属于别的男人”或“不能缺少被伤害的第三者”，这点最容易论证。我们由此可以想象，在一个家庭中，一个男孩认为，母亲之所以能成为母亲，最根本的原因就是母亲是属于父亲的。这类人在恋爱中认为他爱的人是世界上独一无二的，是无可取代的，这种恋爱观和小男孩的观念有着深深的相似，即在小男孩看来，一个人只能有一个妈妈，和妈妈亲近是他最喜欢的，并且也是无可取代的。

如果他选择的爱恋对象就是母亲的替身，可要这样的话就出现一个新的矛盾，即他每次疯狂地热恋一个女孩，信誓旦旦、忠贞不贰，但实际情况是，他一生中不会就只爱恋一次，而是在不断地爱恋，不断地更换对象，这是一个矛盾。通过精神分析，我们发现确实存在的一个规律：对某种独特的、不可替代的东西，人的潜意识会表现出一种永不停止的追寻活动，因为替身终究是假的，它不能永远满足他对真身的需要。这和小孩在达到一定年龄会变得非常好奇，喜欢问问题一样，他们其实只是想知道他们最关心的那个问题的答案，可是总是说不出来。同理，精神病人也有这样的症状，他们每天絮絮叨叨说个不停，那是因为想把心里承载的秘密全部倾诉出来，可又总是不肯轻易说出来。

这类人爱情选择的第二个条件，即选择的对象需要具有淫荡的性格，这点看起来不符合甚至是和母亲的形象完全冲突的，故不可能有因果关系。母亲在成年男子的心灵深处是纯真贤惠的，是神圣的，假如在和别人的交谈中，有人怀疑自己母亲的品德，他会十分懊恼；假如他也对此有所猜忌的话，那么内心一定感到十分痛苦不堪。我们可以通过对母亲和“妓女”形象的鲜明对比来研究恋母情结和恋淫荡女人这两种情结的发展，这要深入到潜意识当中。很早我们就知道，在意识中两种相互排斥的东西，很可能在潜意识当中就是一体的。我们可以想一下孩子们在青春期到来之前的那一小段生活，那时，他们通过一些口头流传粗俗语言了解到了一点儿性生活的秘密，隐约中懂得了一些成年人性生活的真实情况，但由于这些语言的恶毒低俗，导致孩子们对长辈的威望感到十分不敢相信。当小孩第一次知道成人的性生活时，他首先想到自己的父母，但马上他们就会反驳说：“你爸爸妈妈才是那样的，反正我的父母绝对不会干这种事的。”

随着逐渐长大，“性的启蒙”使他了解到，世界上有一些女人多被人鄙视，原因是她们靠和人性交来赚钱。刚开始，小男孩无法理解大人们为何鄙视这些女人，但当他知道，通过这种女人就可以进行性生活，享受大人们的特权时，他就开始怀着一种渴望和畏惧的感情。之后，他认识到，这种每个人都有的“丑恶”性行为，他父母也不可能逃脱，既然这样，他只能嘲讽自己原来幼稚的想法，从此，在他眼里母亲和妓女就是一样的了。

这时，他的见闻重新拨动了婴儿时代的印象，婴儿时代的欲望和情感再次复发出来；最后，在这些新认识的怂恿下，他再次充满了得到母亲的欲望，并且同时仇视碍事的父亲，陷入俄狄浦斯情结当中。但母亲只允许父亲和她进行性交，而不会和他交媾，这让他感到非常懊恼，他认为，这是一种不忠诚的做法。假如不能很快消灭这种激情，他就只能通过幻想的方式将之发泄出来，在他荒唐的幻想中，母亲的形象总是通过各种变形出现，由幻想造成的性刺激的急速上升，最后只能通过“自淫”的方式来解决。由于同时出现恋母和仇父的倾向，母亲的不贞形象就很容易出现在他的幻想中，并且，和母亲有私情的情夫，总是融合着自己的某种性格和形象，这就意味着，他希望自己长成能和父亲进行对抗的样子。这一时期男孩通过各种奇特的幻想所形成的单一欲望的结果，就是我常常提到的“家庭浪漫史”。

我们通过分析儿童这一时期的心智发展情况，知道了是男孩的恋母情结导致了男人选择放荡性格的女人作为他的爱恋对象的原因。通过这个根源去追溯，这类人爱恋的奇特和自我矛盾性也就得到了解除。显而易见，由于早年情欲在其个体史上难以磨灭的印象，导致这类男人日后所做的一切，都是他青春期之前童年幻想的固定。另外，青春期的过分手淫也是促成这件事的一个重要原因。

“拯救”爱人的冲动和支配这个人在现实生活中爱情的幻想，在清晰的意识之下是没有必然和确定关系的；如果非说有关系的话，也是松散的。

意思是，他爱的人既然放荡不羁，不忠贞于人，这样很容易陷入困境，而这类人就觉得自己有责任来保护她，其方式就是让她保持贞节，不再放荡。但我们通过研究遮蔽性记忆、幻想和夜梦发现，这种解释只是非常恰如其分地“合理化处理”了潜意识动机（无意中用一些貌似合理的理由来搪塞自己羞于成人的某种行为或思想的潜在动机），就像一个非常成功的“梦的继发性加工过程”（梦分为显梦和隐梦。隐梦是梦的原意，不符合社会道德规范，为了瞒过“超我”的检查，隐梦乔装改扮改变形态，从隐梦变成显梦，这就是所谓的“梦的继发性加工过程”）。

由于“恋母情结”或说是“恋母仇父情结”，就是“拯救”观念的来源，它是有着自身的意义和历史的。当一个小孩知道是父母给了他生命时，他就会充满了一种感恩之情，由此会生发出一种希望长大独立的愿望，希望自己某天能用什么珍贵的礼物来回馈父母。在现实中我们甚至会听到，一个小男孩非常认真地说：“我不想从父亲那里得到什么，他现在给我什么，我都会还给他的。”他在维护自己的尊严。所以，他就会生出很多奇特的幻想，如在紧急情况之下冒险救下父亲，回报恩情之后，他就可以名正言顺地和父亲断绝关系。通常来讲，类似这种幻想必须经过伪装后才能进入意识，所以，他拯救的对象就会变成国王、皇帝或者其他重要的人物，这些奇特的幻想常常可以作为诗歌的素材。

这种“拯救”的对象，如果是父亲的话，那么幻想的主要意图就是为了维护自尊；如果“拯救”的对象是母亲的话，那么意图就包含着一种感恩的柔情。由于母亲生育了他，这种恩情不能用任何礼物来报答，可是如果通过潜意识将“拯救”的含义稍微改变一下（这在潜意识中是很常见的，其实在意识中，也有很多具有歧义的观念），就可以满足感恩的愿望了，那就是给她一个孩子，即让她再生一个，生出一个各方面都像自己的孩子。这种改变至少看上去是合理的，变化后的含义和原来的含义（救母亲的命）具有很大程度上的相似性，因为二者有很多共同点，母亲给了他生命，他又还给母亲一个和自己类似的生命来报答。儿子为感恩图报，努力让母亲生一个和他一样的孩子。这种“拯救”的本质，在幻想中，他已经无意地取代了自己的父亲，这时，他天性中所有的爱意、感恩、欲望、自尊、独立等全部得到了满足。

通过这种“含义转换”，甚至包括了“拯救”当中的危险因素——因为生命的出生就是一种危险，母亲受苦之后才将这个生命生了下来。所以日后人们常说，出生是人生命过程中的第一个危机。实际上，人生旅途上遭遇的各种危机都来源于这第一次危机的原型，人们对这一原型经验有着深刻的印象，反复造成我们“焦虑”的情绪。人们对这第一次的危机有着一种说不出来的恐惧，在苏格兰的一个传说中，主人公马克多之所以始终不知道恐惧，是因为他并不是从母亲的阴道中生出来的。

同一种梦并不是所有的含义都一样，因为做梦者不同，含义也不同，要用不同的解释来说明。古代释梦家阿特米多鲁斯的这种说法不无道理。按照潜意识的思想来表达的话，由于男女性别不同，“救某人一命”的幻想也有不同的含义：对男人来说就是使人生个小孩并抚育成长，对女人来说就是自己生个小孩。

在梦中和幻想中，这种“拯救”冲动是有着重要地位的，假如梦或者幻想和水相关时，重要性就更加明显。如果一个男人梦到将一个女人从水中救起来，说明他让这个女人成为母亲。上面的论述很容易证明这一点。如果是一个女人梦到从水中救出来一个小孩时，就说明她是这个小孩的母亲，如同摩西神话中法老的女儿一样（《旧约全书·出埃及记》第二章，埃及法老搜杀以色列男孩时，摩西刚好出生了，母亲就将他放到河边芦苇丛中，这时，法老的女儿刚好看见，将他收养，并取名“摩西”，意为“我从水里把他拉出来的”）。

当拯救父亲的幻想包含着某种感恩的柔情时，其实是表达想有一个像父亲一样的儿子，或把父亲放到了儿子的地位。在所有的关于“拯救”的观念和双亲情结的关系中，只有想“拯救”心爱的女人的冲动才是我们所讨论的这类人的典型特征。

我不想在此赘述通过观察而推出的理论，更想像如讨论“肛门快感”一样，只把重点放到特点突出的鲜明例子中。很多人只是可以看到偶发性的一两个特征，假如这样的话，我们不追根溯源，就无法了解它的总体面貌，那么偶发的反常现象因为不足以让我们有一个清晰的思路，就会使我们陷入一片迷茫之中。

·第二章·

性无能——情欲退化的阳痿现象

一、情感和肉欲的纠结

除了非常复杂的焦虑症之外，在精神分析师看来，最常见的病例无疑是“心理性阳痿”。非常奇怪的是，这种病经常是发生在性欲很强的男人身上，并且，他的性器官在性行为开始之前和之后都是健康的，是完全有这种能力的，并且性行为进行时，其也有极强的纵欲心理，只是性器官不肯合作。患者自己也发现，他并不是和所有人都会有这种现象，只是在和某些女性做爱时才会有。

在他看来，好像是女方的某种性格特征压制了他的男性机能，很多时候他能感觉到这种压制感，好像心灵中有一种阻力在干扰他的意识去执行他的想法。当然，这时他并不清楚是什么内在的抗力在阻止他，也不明白是女方身上的什么品质刺激了这种阻力发生。如果他在一个女人身上从未成功过，那么他就会习惯性地认为是由于第一次失败造成的，由于每次都想到第一次失败，这种不好的记忆就加重了他的焦虑，从而干扰他以后的行动，只能重复之前的失败经验。我们在想，第一次失败的原因是什么呢？难道是一种偶然的意外？

许多精神分析学家经过研究发现，这种心理性阳痿是由于存在于阳痿者内心的一些无意识情结的影响力造成的，他们曾多次在发表的论文中作出解释，并可以在治疗实践中得到证明。详细说，就是由于患者对母亲和姊妹的乱伦性固定无法克服，于是重新激发了婴儿期的痛苦经验，再加上别的原因，最后导致他在女性面前感到“性力”不足。通过以上分析，我们知道，导致生病的根源在于：原欲在生长的途中发生停顿，达不到我们认为的正常的情况（这很可能是所有精神失常的人的发病根源），这种性心理支配了严重的心理性阳痿者的心理活动。通常来说，温柔而执着的情和肉感的欲，唯有这两种感情结合起来，才是健康正常的爱情，但在发病者身上，这两种感情并没有合流。

和肉感的欲望相比，执着的柔情一般先出现，在“自卫本能”的基础上大致形成于儿童最弱的几年中，一般来说，家庭成员或儿童的照顾者是这种感情的指向对象。我们在儿童早期的生活中偶尔可以看到，这种柔情中本身也有性本能的参与，或者说，它本身就是色情的组成部分。我们通过分析成年的神经症患者也会发现，这种柔情是婴儿期性对象选择的代表，所以，在自我本能发展的进程中，性本能根据自我本能制定的标准找到了自己的对象，由此，性本能和生存本能可以同时获得满足。一些色情意味往往在父母和保姆对婴儿的“疼爱之情”当中无意识地表现出来（例如，性的玩物就是小孩），这无形中加重了小孩自我们本能中对色情的投入，当他达到一定程度时，加上同时一些有助于指向同一个目标的其他环境因素，必然会影响未来的发展。

到儿童时期，婴儿期挚爱之情的固定，这时已经吸收了各种色情的因素，当然，此时它们在表面上还没有把性当作目标，处于一种隐蔽的状态。但随着青春期的到来，有了强有力的肉感成分的参与，这些情感指向的目标开始明确表现出来，它们对婴儿期初次选择的对象投入了非常强大的原欲，并按照早已标定的路线走下去。

与此同时，心理上防止乱伦的堤坝也建立了起来，这就使得他和对象发生性关系几乎没有可能，由此，他开始到别的地方寻找，迅速和这些不能给他带来满足的性对象脱离关系，从而建立新的适合的性生活。在重新选择新对象时，他们不仅要求性对象在大体形象上要和婴儿期的选择相似，而且要求获得原本属于母亲和眷恋的柔情。正像《旧约》中所说，一个男人只有离开他的父母，和妻子相处，才能将柔情和肉感合二为一。顺着这个方向，强大的肉欲力量就会让爱情对象拥有天仙般的美好品质，男人经常会过高估计性对象。

下面两种情况决定了原欲能否继续正常发展：首先，如果在现实世界中，选择新对象的过程受到挫折，或者现实世界中根本就不存在可供选择的合适对象，那么就不能进行新对象的选择了。其次，通常一个人对婴儿期对象的迷恋程度和儿时的快感投注成正相关，当然，这个婴儿期的对象最后是必须放弃的。当这两种原因都具有非常强大的力量时，就会形成神经症的一般性机制。原欲开始沉湎于幻想中，而脱离现实的世界，这就会强化婴儿期性对象的印象，并将这种印象固定。

但这时防止乱伦的堤防仍然存在，所以，原欲对迷恋的对象就只能在潜意识中进行，肉感引起的激情也只能依附于潜意识中的这种对象的形象上，假如自淫行为使得这种情欲得到了满足，那么它的固定作用就进一步强化了。如果一个人在现实中寻找外在对象而没有成功的话，通过幻想来代替原欲的性对象，事情的本质并没有发生什么变化。这种通过自淫来获得满足的幻想，在意识上的性对象仍然是外在的对象，但是在潜意识里它其实是原欲性对象的替代。这种取代对原欲向外界转换并起不到什么重要的作用，但是能使幻想顺利地进入意识，这一点是唯一的作用。

这就意味着，一个年轻人的情欲，在潜意识中很可能仍然依附或固定在乱伦的对象、幻想上，如果这样下去，就非常可能导致“彻底的阳痿”。不管是不是恰恰患者的性器官比较羸弱，反正性器官本身都不是主要因素，我们前面所说的那种因素更重要。

我们所谓的心理性阳痿就是在这不严重的情况下造成的。肉感的情欲可能非常猛烈，并不一定全部要隐藏于眷恋的柔情当中，而是不受阻挡，努力从现实世界中找到出路。这种人非常容易区别开来，因为他们的性行为有非常明显的征兆，通常是变化多端、易于冲动和笨手笨脚的，但最终也得不到其中的乐趣，那是因为他丧失了这种本能中本应该包容的巨大的精神能量。另外还有一个重要的特点是，他虽然在肉感方面的欲求仍然很强烈，可是他尽力避开任何柔情蜜意，对对象的选择十分严格，只寻求不会触及其柔情一面的性对象（这种情感因为乱伦而受到了破坏）。

与之相对的是，那些高雅的对象，他知道非常值得去爱，并且也非常敬重和爱慕，但在色情方面，他却对她们没有肉感的欲望，十分的沮丧。所以，这就导致这种人的爱情生活分为了两部分，即艺术中常说的圣洁的爱情（精神的、超凡的、柏拉图式的爱情）和尘世的爱情（兽性的情欲）。他真正喜欢的女人，他没有性欲；能让他肉感兴奋的，他又不喜欢。

所以，他们去寻找那些并不爱的女人发泄的原因是为了不玷污真正所爱的对象。在“敏感的情结”和“被抑制的东西的恢复”这两大定律的支配下，他经常为了满足自己的肉欲去寻找女人。但如果偶然遇到了一个女人和他潜意识中隐藏的那个女人的形象比较相似，他就会回忆起潜意识当中这个女人（母亲），这样，他的意识就会强迫他不能将这个女人作为性对象，于是，这种意味着“要拒绝”的心理性阳痿就出现了。

一旦他进行性行为的对象和他的乱伦对象相似，他就会高估这一性对象。假如他不想陷入这种难堪的处境，他就必须压低对性对象的估价。只有性对象降格之后，他的性能力才能得到充分发挥，肉感才能打破阻碍，从而达到快感的高潮。另外，众所周知，对于情欲不能同时满足的人来说，假如让他们像正常人一样去进行性行为，那么他会认为索然无味，而只有和异常的人或者进行错乱的性行为，才能令他们满足。可是平时碍于面子，他们仍然寻找异性对象，只是那些异性对象是一些他认为地位低下、不值得去爱的对象而已，这就是促成上面事情发生的另一种原因。

前面我们曾举例说的一个小男孩，幻想中把母亲降格为妓女，从而可以成为他的肉欲对象。现在看来，这种动机是有一定道理的，至少在幻想中，它代表着他曾试图在爱情的两个源流之间进行搭桥连接的尝试。

二、待改革的性观念

为了使研究更加深入，我们前面一直从医学心理学的角度探讨性的问题，这是很有必要的，虽然和我们的标题并不是那么契合。

现在，我们知道由于爱情中情、欲两方面的不能契合一致，导致了心理性的阳痿现象。并且，在整个发展过程中，这种性抑制是在受到婴儿早期固定和后来乱伦堤防的阻碍后，在现实中屡屡碰壁造成的。对于这样的结论，虽然对一些人染上心理性阳痿作出了解释，但仍有些人会提出反对的理由，并且还是十分有力度的，那就是：这个问题为什么有些人能够避免，而有些人不能避免？其中涉及的婴儿期的强烈的固定作用、乱伦堤防的建立、青春期后性发展遇到的挫折等各种因素，几乎所有的文明人都要经历，照这种说法，在文明社会里，这种心理性阳痿应该是非常常见的，具有普适性的。并且，有这种性的抑制表现，就不能算作病态了。这种反对的理由是唯一可能的理由，也是非常具有反击力的。

但是，如果“量”的因素对疾病的形成起着决定性作用的观点成立的话，那么反驳上面的理由就轻而易举了。因为，疾病要表现出来，那一定是其中包含的各个成分达到了一定的“量”才导致的。但我们并不想这样做，反而，我们更想让大家知道，在所有文明人的生活里，大家都或多或少地有这样的病症，这种心理性阳痿的普遍程度超过了一般人的想象。

狭义的心理性阳痿是指“性器官正常，想通过行房事获得满足和快乐，但因为阳痿而导致不能性交”。如果我们将这个含义扩大，那么有些不太明显的现象也可以包括其中，例如，像精神衰竭的人，虽然勉强可以进行性交，但是他们并不能从中体会到快乐和满足感。存在这种情况的人其实和上面的一样是非常多的。我们通过精神分析研究发现，这些病例的发病病因，和狭义上的心理性阳痿是基本一致的。男性患精神衰竭是这样的，相应的是女人有患性冷淡的，她们在对待爱情上和男性心理性阳痿者一样，虽然症状不是十分突出，但数量并不在少数（女性性冷淡是更为复杂的一种现象）。

所以，如果那种症状不明显的情况，也包含在广义的心理性阳痿的大概念之下的话，那么我们就必须承认，在现代世界，基本上不可能有把情欲完美地结合在一起的人，大多数人都带有心理性阳痿的阴影。男人的性行为在他爱的女人面前总是受到压抑，只有在面对比较低级的性对象时才能毫无顾忌地纵欲。当然，他不想对他尊重的女人进行反常的性行为等别的因素也是一个原因，他只有在低级的女人——行为放荡、道德不检点的女人面前才能纵情享乐、无拘无束，从而使性欲得到满足，但当他面对他高贵端正的妻子时，他不敢那么放肆！因为他会产生焦虑。

相反，面对一个比较低级而又对他知之甚少的女人，他就会完全放松，因为这个女人对他无从比较和挑剔。这就意味着，他虽然心里牵挂和惦念的是一个他爱的人，却只能在低级的女人身上寻找到性快乐。所以，当我们看到一个有头有脸的男人经常养着一个社会地位较低的情妇甚至和她结婚的行为时就不足为奇了，因为他要想达到心理学上完全的性满足，只能找一个相对低级的女人来做他的性对象，这点是必然的。

我认为，这一存在于文明人爱情生活中的难题，和心理性阳痿具有差不多的原因。意思是，它也同样受下面两个因素的影响，虽然这种说法有失文雅，甚至有点自相矛盾，但事实就是这样的：儿童期强烈乱伦固定作用和青春期向外发展的受挫（寻找外部对象）导致了现代人爱情的困境。

一个人要想真正无所顾忌地爱他面前的女人，那只有当他战胜对女人的尊敬，不会受到来自和母亲或姊妹乱伦的罪恶和羞耻感抑制时才能达到。可实际上，大多数男人的内心深处都认为性行为是非常可耻和下流的，一想到这样的事，他就会浑身紧张并迅速约束自己的性欲望，我们知道这种想法是百害而无一利的。但是这种想法是如何产生的呢？原来，这种阻力和青春期的经历有密切的关系，当时他已经达到了性冲动的高峰，但是他不能乱伦，又不能在外部找到满足的性对象来进行发泄，这是主要原因。

同样，在现代社会里，女人也会受到“教养”的束缚而造成了性冷淡，并且因为男人们对她们的特殊态度而更加严重。一个男人在初恋时也许把她看得如仙女下凡，在她面前不能表现出一点儿男子汉的气概，但是一旦拥有了她，这种高估就会消失；这种“过高”或“过低”看待都使女人处于非常不利的地位。女人虽然不会高估男人，因此也不会将男人降格，但由于长期以来，她们一直被迫避开性爱，她们的感性欲望无法在现实中满足，只能通过幻想来实现，这就导致另一种严重后果，即长时间的色情活动仅仅通过意念来呈现，她们早已在精神上变成了性无能，当面对真正的性活动时，她们就成了性冷淡。

与之同理，很多结过婚的女人很久还没有将这种合法的关系正常看待，而另外一些女人则表现出性行为的冷淡。可是，如果将犯禁或秘密的成分混进这种性关系中，那么她的性兴奋程度就会迅速升高，如同夏娃摘取了禁果一样，这种快感是从她丈夫那里得不到的，只有偷情才能满足。

我认为，和男人需要将性对象降格一样，女人的爱情生活需要禁忌的现象也是在社会伦理律令形成之后，性成熟和性满足之间相互作用造成的。因为，它也是用来克服情欲不能完美结合而形成的心理“性无能”的。可是，由于男人和女人的差别，同样的原因却导致了不同的结果，呈现出两性在性行为上的差异。在现代社会中，一般女性不会轻易逾越性活动的抑制，而是进行漫长的等待，于是，禁忌自然而然就和性爱合为一体。可是男人在这段时期，大部分都降低自己性对象的选择标准，从而冲破这种禁忌，由此，在之后的爱情生活中也是如此。

如今，关于性生活观念有待改革的诉求日益强烈，由此，我想说，和其他科学研究一样，精神分析通过患者病症去探索病源时也是公正无私的，所有的理论都是由事实推断出来的，而不会把假设强加于之上。如果发现的事实有助于社会状况的改变，这是比较理想的状态；如果进行改革的做法推广之后，由此造成矫枉过正或者牺牲更大的代价，这却不在我们预测的能力范围之内。

三、性本能和社会文化之关系

正如上面所说，男人对性对象的降格，是由于文化教育对爱情生活的限制，对这个问题我们先放一下，现在我们分析一下一些与性本能有关的现象。因为少年时不能享受到性爱的感觉，就产生了一种恶果：结婚后的性欲本可以得到完全发泄，但却得不到完全的性满足。我们试想一下，如果将之反转过来，开始就让情欲得到满足，会如何呢？

在我看来，这样的话情况会更糟。因为如果情欲能非常容易就得到满足，那么它就不再具有吸引力，这就意味着，如果想保持原欲的高度兴奋，就需要一些阻碍因素，这点我们很容易理解。历史进展也说明，要想享受到真正的爱情，在阻碍人们获得满足的自然力消灭时，就需要设法设置一些人为的或习俗的禁忌。这种情况对个人和群体都是相同的。

例如，当一个古老文明的禁忌突然解除时，性欲可以非常容易地得到满足，这时，爱情就不再那么神圣，人生就不再有意义；于是，为了拯救爱情的价值，人们便需要再次发生反作用，建立起新的禁忌。由此，在基督教文明中，禁欲的倾向极大地提高了爱情的精神价值，古代的异教徒通过苦行僧的生活，终生和原欲的诱惑进行斗争，永远不能得到满足，在这之中，爱情获得了它的地位和价值。

我们或许会说，这种现象普遍存在于人们的机体本能中，随着挫折的增加，本能欲望亦相应高涨。如果有人做个试验，即所有的人都处于饥饿状态，那么他们的差异就会消失，因为，进食的需要超过了一切，所有人都受到这种本能的驱使。但是，如果进行一个相反的实验，让他们所有的本能都得到满足，精神会贬值吗？

对此，我们可以举例来说明。假设酒每次都满足酒鬼的欲望（在诗或科学的领域，我们常用这种满足来比喻爱情），但是没有谁听说一个酒鬼因为厌倦了同一种酒而想变换口味。相反，一个酒鬼越是长期喝一种酒，就越是嗜好这种。他绝不因为喝多了而让自己搬到一个禁酒或者酒昂贵得难以购买的地方去，用禁止的挫折来刺激他萎靡的快乐。就像嗜酒如命的柏克林一样，他对酒的感情如同他得到了足以让他满足的情妇一样。可是，这种情况为什么在爱性对象时就不是如此呢？

这个反驳听起来确实很有道理，在我看来，也许本能中的有些成分肯定不容易达到完全满足。从本能发展的种种曲折历程中，我们发现，有两种原因可能导致这种倾向。

一、在性发展的过程中，有性和欲两种驱动力推动人们选择性对象，但是由于乱伦障碍的干扰，这两种驱动由此分开，他们最终的选择，并不是原欲的性对象，而是原型的替代。通过精神分析，我们知道，通过一些替代性对象来代替本能因压抑而失去原对象的话，他们是不能完全给予原欲满足的。所以导致人类选择的性对象不能持久保持魅力，总希望有新的刺激出现，这是人类性爱的一个重要特征。

二、众所周知，很多成分一开始就存在于性本能当中（或许，正是这些成分组成了性本能），可并非所有成分从开始就会得到完全充分的发展，有的可能需要中途被压抑或者转向其他用途。对脏物的迷恋就是本能中最明显的一点，这种成分很早就和我们的美学观念分道扬镳了，大致在人类能直立行走、嗅觉器官不再接触地面时就已开始。还有一种是虐待本能，这是构成性本能的绝大部分，但也必须中途放弃。这些淘汰过程只关系到心灵中较上层和较复杂的结构，而推动和刺激情欲的基本性交过程并不会变化。

排泄道和性器官由于位置太近而不可能清晰地分开，但性器官介于尿道和肛门之间的位置，并不会因意识和心灵的变化发展而使它的重要性受到任何影响。用拿破仑的格言体式来说就是“人体结构就是人的命运”。除了性器官之外，人从上到下都是朝着美的方向在发展，但是性器官不论在远古还是现在文明社会，都保持着它野兽时代的结构和形象，所以，兽性是爱欲的本质。人类在改变情欲本能上用功时多时少，但难度太大，无论如何，只有在某种程度上牺牲性的快乐，人类文明才能取得成就。正由于那些不能在成人性行为中随便发泄的性冲动，才产生了这种永远不能得到满足的状况。

由此，我们只能得出这样一种结论：性本能欲求和文化要求妥协一致的想法是不可能实现的。随着文明的高度发展，那种一定程度的苦难、牺牲甚至遥远未来的种族灭绝的威胁并不能真正避免。这是因为，由于性本能在文化压力下的畸形发展，就带来多种不满足感，在文化的压制下，性本能得不到完全满足的成分就会累积起来不断升华，从而创造出文明中最伟大和最奇妙的成绩；相反，如果人类的性欲能够非常充裕地满足，那么他们就不会在一个东西上投注过多转化的性能源，由此，人们只会安于享乐而不思进取，社会就会停滞不前了。所以，人类文明得以不断进步乃是得益于人类性本能和生存本能两大本能之间永远难以妥协的相互对抗，当然，它产生了一种永久的威胁，造成人类中一些弱者陷入神经症而无法痊愈。

对人们进行警告和安慰并不是科学的真正目的，但我本人需要承认，也是我希望实现的，即文章所得出的结论可以建立在一个更加广大的基础之上，也许，上述冲突可以通过人类在其他方面的发展而得到解决。

·第三章·

关于处女的禁忌

我们对原始民族性生活的很多细节常常感到十分惊讶，例如，他们在对没有性经验的处女身上就十分特殊。众所周知，现代社会男人总是十分关注他所追求的女人是否是个处女。这种观念长期以来存在于我们的心中，好像是十分自然和无须说明的，但问到原因时，我们便哑口无言。实际上，是一夫一妻制造成了这种习惯性观念，导致人们想完全占有一个女人，这也是这种制度的本质。由此，女孩子总是被要求婚前不能和其他男性发生性关系，以免留下永久的记忆。其实这是将垄断女人的行为延伸到了过去的时代。

根据上面的观点来看，女人爱情生活的某些奇怪的现象实则是很正常的，人们看重处女的态度是有一定道理的。众所周知，教育和环境迫使少女要尽量压制内心对爱欲的渴望，到处小心翼翼，不会轻易和男子发生关系，而当她一旦冲破外界的压力，选择了一个男人来满足她的爱欲时，内心深处就已经将自己交付给了这个男人，对他一心一意，不再对别的男人产生感情。女人的这种“臣服”态度使她能够抗击婚后各种外来的新诱惑，这正是由于结婚前期长时间的孤独和寂寞导致的，男人从此可以永远放纵地占有她。

“性臣服”这个词是由克拉夫特·伊宾于1892年最先创立的，意思是说，某些人只要和别人发生了性关系，那么对这个人就会产生高度的依赖和顺从的心理。这种“臣服”心理有时会发展到极端，依赖方会变得不能独立自主，甚至为了对方心甘情愿地牺牲自己的利益。我认为，某种程度的依赖或者臣服心理是需要的，这样可以较长久地维持男女间的性关系；另外，适当鼓励这种性臣服态度，对压制先行婚姻制的一夫多妻倾向，维护文明的婚姻制度，维护社会安定和谐具有重要的作用。

在克拉夫特·伊宾看来，这种“性臣服”态度是由于“一个具有十分柔弱多情个性”的人爱上了一个“十足的以自我为中心”的人的必然结果。可是我们通过精神分析研究发现，这种说法并不符合实际，因为，显而易见，克服性阻力所需要的力量才是最终的决定性因素，而不是其他。或者说，如果这种阻力经过“致命的一跃”，一次冲击而取得突破，改变了完全受阻的状态，就会形成“臣服”的态度。关于这点，和男人相比，女人更为多见，并且她们也比男人接受性臣服的态度更深刻；可是和古代不同，现代社会与之相反，男人通常比女人更容易陷入这种境地。我们经过研究发现，当一个男人面对某个女人时，他忽然发现阳痿的苦恼从此消失了，那么，他就会对这个女人一直好下去，顺从臣服，这就是男人会接受性对象奴役的原因。用这个道理可以解释人类中很多姻缘和悲剧的收场，甚至是重大结局的收场。

原始民族对处女到底有什么样的看法？是如何定位？我们下面来具体分析一下。有人认为，在原始民族中，既然很多女孩在婚前就失去了童贞，并且对她出嫁毫无影响，那么是否处女，这对一个女孩来说并不那么重要。我认为，原始民族中夺去女孩童贞的仪式，已经成为原始民族中的一种“禁忌”对象，所以是具有重要意义的。这种禁忌和宗教的禁忌相类似，所以，她的新郎并不被习俗允许去做这件事，避免他违反这个禁忌。

关于论述这种禁忌的文献，它在世界各地的分布情况和它的各种表现形式，我并不想在这里一一赘述，我只是想说清楚，原始民族中普遍存在着这样一种习俗，即女孩在结婚之前就要被先弄破处女膜。卡洛雷曾说：“有一种流行于低级文明的习惯，即在结婚之前的特别仪式中，要由新郎之外的某个人来穿破处女膜，在澳大利亚尤其多。”这种仪式是必需的，因为只有在事先由某个人通过某种方式来进行穿破处女膜，才能保证不是结婚后的第一次性交进行这个行为。卡洛雷《神秘的玫瑰》书中对此的论述虽然有些交代得不清楚，但还是较为详细，我从中引用几段：

“女孩一到青春期，就要被弄破处女膜。这种习惯在迪雷部落及其邻近部落中广泛流行。”

“在波特兰和莱尼格族中，为了完成这个使命，常常由年老的妇女来给新娘动这个手术，有时甚至请白人来奸污这个少女。”

“处女膜大部分是在青春期弄破，个别在婴儿期就弄破了……在澳大利亚，这种行为通常和性交仪式一起举行。”

“首先要人为穿破处女膜；其次是让进行这项工作的男人们挨个儿公开、神圣地亲近这个女孩……整个仪式就是由穿破和性交两部分组成的。”

“在赤道非洲的玛赛（Masai）地区，女孩在结婚前需要经过一次手术。在属于马来亚的沙克斯族（Sakais）、属苏门达腊的巴塔斯族（Battas）、属西里伯岛的阿尔福尔族（Alfoers），多半是新娘的父亲来穿破女儿的处女膜。在菲律宾群岛，有一批人专门从事穿破少女处女膜的职业。有些女孩在婴儿时代就由老年妇女进行过这项工作，长大后就不必再做了。在爱斯基摩族的某些部落里，则是僧侣们拥有穿破新娘处女膜的特权。”（第349页）

通过分析，我们发现上面的论述有两大缺点，一、除了一个地方说弄破处女膜分为两个阶段——先用手持器具弄破，再进行性交仪式之外，其他大部分都没有说清楚“穿破处女膜”的方式究竟是通过性交还是非性交方式。至于巴特莱斯（Bartels）收集的资料，虽然对其他问题论述较为详细，但是在这个问题上还是模糊不清，况且，他完全用解剖学的理论来分析“穿破处女膜”这一行为的心理学意义。

二、我们对这种场合中那郑重其事的仪式性交和平常性交的区别还不清楚。据我了解，或许是因为害羞，或许是因为没有意识到问题的重要性，所以，这些作者始终没有对这些性行为进行详细描述。关于这方面更详细和更准确的一手资料，尽管我非常希望能从旅行家或传教士手中得到，但这类的国外杂志根本得不到，所以我还不能定论。无论如何，虽然我们没有关于第二个问题的详细描述，但是仍然非常容易想象出来，这种仪式的性交仍旧是完全的性交，并且他们的祖先一直都这样做，尽管非常缺乏真实感。[在别的地方的结婚仪式中，新郎的朋友都可以对新娘放肆地挑逗，并设置一种男傧相（Bestman）的人物，其意味也耐人寻味。]

下面我分析一下处女禁忌的可能因素。第一种解释是原始民族常常把血看作生命的源泉，十分害怕流血，但我们都知道，穿破处女膜就意味着流血，所以就形成了处女禁忌。其实这种流血禁忌（Blood—taboo）不仅在性交方面，在其他方面也保留着各种社会规范，它代表着对原始人的渴血情操和杀人欲望的禁止和防备，是“不可杀人”禁令的基础。在这样一种观念支配下，除了处女禁忌还有月经禁忌。对于月月必来的流血现象，原始人感到很神秘，不可避免地认为是有什么东西在摧毁女人，于是他们想象月经，尤其是月经初潮时，他们认为是因为某种精灵鬼怪在撕咬，或者是和某种精灵性交的结果。一些资料中记载，很多原始人认为他的某个祖先就是这个精灵；还有些资料记载，祖先的灵魂常会附到经期女孩的身上，所以要敬畏，并将之作为“禁忌”对象。

在我看来，如果我们深入思考这种恐惧流血现象，就不会认为那么重要了，例如，男孩做的包皮割礼、女孩做的更残酷的阴蒂及小阴唇割除礼，这些都在一些种族中不同程度地进行着。另外，还有很多以流血为目的的仪式，显而易见，这些和“原始人恐惧流血”的解释是正好相违背的。由此，有些女人为了丈夫方便，在婚后就不再实行这项禁忌（月经禁忌）的现象就非常可以理解了。

第二种解释虽然比第一种涉及面更广，更具有普遍性，但同样和性没有关系。原始人好像长期都处于一种“焦躁”的期待中，就像精神分析学中的焦虑性神经症患者一样终日忧心忡忡，一旦遇到一些新鲜、神秘和出乎常情的事物时，就会产生更强烈的焦躁期待，由此还造就了很多牺牲或奉献的祭奠和仪式，到现在我们仍然在各种宗教的仪式中可以看到。

我们清楚，人们往往在刚开创一种新事业或跨入人生的新阶段时，都会有一种期待心理，包括家畜繁殖、果实和庄稼成熟、孩子诞生等。这种期待心理中往往包含着焦虑，因为成功和失败的结果可能会同时在心里盘旋，让我们心神不定。于是，人们便想到在这种关键时刻用某种仪式或祭奠来获得神人的庇护。结婚也是同样道理，他们认为结婚的第一次性交是非常重要的，需要用某种仪式来保护它。对于这件事，人们心理既期待，又害怕流血，两个方面不会相互抵消，而是相互加强和补充，于是，认为性交是人生路上的一大难关，要冲破它还要有流血的过程，从而造成更加紧张的期待。

第三种解释认为处女禁忌是性生活中禁忌的一个非常小的组成部分，这和卡洛雷的说法一样。并不是第一次和女人性交才是禁忌，而是每次都是，甚至说女人本身就是禁忌。这样说只是说每次和女人做爱都需要通过重重限制和关卡，而并不是说女人性生活中总是充满着各种特异的时段，例如月经来潮、怀孕、坐月子等需要避讳的时刻。长期以来，我一直都怀疑野蛮人性生活很自由的说法，因为，虽然有时候原始人忽视这些禁忌，但大多数情况下都是非常重视的。

现代人根本无法想象原始人进行事情时的繁文缛节，男人在做远足、狩猎、出征等大事时，都要求不得亲近女人，不得和女人进行性交，因为性交会导致他们精力衰竭，可能会在遇到大事时发生困难。即便在日常生活中，他们也往往分居，男人和男人一起，女人和女人一起，现代社会的小家庭在那时是基本没有的。这种男女居住的彻底分开，他们并不能进行深入的交流，甚至连名字都叫不出来，女人们往往使用着另一套特殊的词汇。有时候由于性的需要，他们就需要打破这种分居状态，可是很多部落中，即便是夫妻也没有单独的空间，只能在户外隐蔽的地方进行交合。

其实，原始人所设立的禁忌，是他们害怕一种危险的表现。通常来说，上面所有的规则和避开女人的方式都是对女人怀有恐惧之心所造成的。也许，他们认为女人总是神秘的、特别的、超出情理之外的，自己和女人不一样，所以害怕异己的东西。他们害怕女人危害到自己，自己的力量被女人吸走，还担心长时间接触女性，自己也会被同化，那就废掉了。因为，在性交之后，他们往往忽然情绪低落、浑身乏力，这正好和他们期待的恐惧相似。另外，由于现实生活中往往受到女性性关系的支配和敲诈，更让他们对此深信不疑。这些心理，虽然我们现代社会已无从寻找，可实际上仍然存在于男人的内心深处。

现在很多原始民族研究专家认为，和现代文明人相比，原始人的情欲本能十分脆弱，简直无法相提并论。这种看法很多人存在异议，其实无论如何，在各种禁忌中，原始人将女性作为异己的有害力量进行排斥，那么我们可想而知，他们和女人之间能产生什么样的爱情呢？

在这方面，卡洛雷的看法和精神分析家相当一致，他更加深入地说明，每个人之间都有“人身隔离禁忌”，尽管我们人类之间相差并不是很大，但为数较少的几点差异就形成了人和人之间的孤独和对立情绪。由此，我们可以理解人总是对于自己不同于别人的地方存在着相当程度的“自恋”情怀，这也是人们不会轻易和另外一个人亲如一家，或包容地去爱每一个人的原因。这种分析确实十分令人感到有意思，另外，心理分析还发现，男人由于过去经历的“阉割情结”（属于恋母情结的一种，因恋母仇父或别的错误，大人常常吓唬他说：“如果表现不乖，你那就割去你的小鸡。”当他真的发现女孩没有阳具，在他看来，就是被阉割掉了），所以导致他对女人有错误的看法，非常迷恋自己而抛弃女人和鄙视女人。

分析到这里，我们好像已经远离了最初要讨论的话题，从女人普遍具有的“禁忌特征”中，必须对处女的第一次性行为进行特别的限定和规定的行为，至今我们还不能完全理解。假如用前面两点来解释的话，只能是害怕流血和对新鲜事物的恐惧，其实这两点并不能从根本上说明这种禁忌仪式的重点。原始民族举行这种仪式，完全是为了让将来的丈夫避免第一次性交发生的流血现象，这一点，前面已经讲过，并且我们知道，通过发生这件事，女人会更加死心塌地地臣服于这个男人。

现在，研究这些一般性禁忌仪式的起源和意义，并不是我们的主要目的，在《图腾与禁忌》这本书中，我对之进行过论述，并且认为：所有的禁忌都涉及一种矛盾的情感（Ambivance）（爱恨兼备、喜欢和讨厌并存、好奇和畏惧同在是这种情感的特征，这种现象很普遍，尤其是在原始人和神经症患者当中）。禁忌大致起源于史前人类某一次导致家庭制度建立的大事件。关于现在原始部族的一些仪式，即使我们仔细观察也不能寻见，希冀在这些部落人身上看到我们祖先最初的样子恐怕是不可能的。因为，虽然这些都是原始部落，但也经过了沧海桑田的发展变化，即使不同于文明人的发展路线，但也不可能再保留着最早时期的那种单纯。

和心理病症患者会产生新的多种恐惧对象一样，经过多年辛苦的发展，现在原始部落的“禁忌”已成为了复杂的系统，新动机已经取代了最初的原始动机和新的环境相协调。对于新的发展我们暂时先放一下，而回到原点看一看：原始人每建立一种禁忌就意味着他害怕一种危险。总的来看，原始人所害怕的并非都是实际的危险，大多是精神上的。当然，他们并分不清精神和实际的区别在哪里，什么是精神的危险、什么是实际的危险，什么是想象的危险、什么是真实存在的危险，他统统认为是有一种类似自己具有灵魂的精灵危害的结果，所以不论天灾人祸还是洪水猛兽，他都认为是神灵在作怪。此外，他们还总是倾向于把敌对情绪投射到他厌恶或者陌生的东西上。所以，作为危险来源的女人就成为他恐怖的对象，夺取女人的童贞就十分危险了，所以才建立起了对女人的禁忌。

到现在，我们慢慢清楚了这种危险到底是什么，并且只威胁到自己未婚夫的原因。我们还需要对和原始妇女有相同处境的现代妇女行为进一步研究，才能确切地找出问题的答案。我可以先告诉大家研究结果，那就是原始人的禁忌的确是有所指的，上述风险确实存在，他们的社会习俗确实帮他们排除了一种精神上的危机。

通常来说，正常的女人常常习惯于在做爱达到高潮时双手紧紧抱住男人，好像意味着一种感恩和自己的身体永远属于这个男人了。但我们还知道，大部分女孩子在初次性交时感觉并不那么美好，而是失望至极，因为她达不到兴奋的状态，不能满足，只有经过一段时间的磨合，才有可能品尝到做爱的愉悦，而有些人则不论丈夫怎样温柔体贴、热情似火，她仍然激不起爱的火花，一直都很冷淡。根据调查，很多人都认为这无伤大雅，并不加以关注。在我看来，造成女性的性冷淡，假如不是丈夫性能力的问题的话，就需要寻找别的原因。对此的研究不应轻视，而应该像研究男性性无能一样认真分析。

我并不打算从分析女人常常逃避第一次性行为的原因入手，因为造成这种现象的原因过于复杂，并且社会上还将女性的“洁身自好”作为合理的解释理由。在我看来，从一些病态案例着手更容易找到女性性冷淡的真正原因。我们可能听说过这样的事情，有些女人在经过第一次性交之后，就对男人愤怒不已，恶言相加，更有甚者是恐吓威胁、动用武力。我曾经遇到过一个女患者，她十分爱她的丈夫，并且还主动示好，每次也均能获得满足和快感，但之后就情不自禁地憎恨起来，非常的矛盾。我认为，这是性冷淡的一种变形。而性冷淡的女人大多是纯粹的性冷淡，她们对性爱的激情被胸中的憎恨力量所压抑，但绝不会表现出来，这种发生原理就像我们多年前曾经发现的强迫症中的“两元运动”（Two movement）。既然女人的敌对情绪是从破坏童贞引起的，那么她未来的丈夫有足够的理由不做这个破坏者。

我认为可以用我的研究分析来解释女人的性冷淡，她们心灵深处隐藏着的一些冲动是造成这种矛盾性的原因。在第一次性交中，很多非女性的本性激情也被激起，并且有一些在以后的性爱生活中永远不再出现。开始，女性在初次性交时那种难以忍受的痛苦引起了我们的注意，有人还以为这就是唯一的因素，并且是非常充分的原因，其实真相远不是这么简单，只是肉体的痛苦不可能造成这样严重的后果的。原来，还有一种“自恋”受到冲击之后的心灵创伤隐藏在这肉体的痛苦之后，那种失去高贵童贞之后的哀怨惆怅情绪就是这种痛苦的表现。

可是，从原始民族的祭典中我们发现一些东西，让我们认识到导致性冷淡形成的因素中，这种痛苦或惆怅也不占重要地位。因为，他们的仪式由用手或工具弄破处女膜和正式性交或象征性交的姿势两部分组成，自己的丈夫并不在这群性对象里。所以，丈夫要避免新婚之夜妻子肉体和精神上的痛苦并不是这种性禁忌的真正目的，在这之外，一定还有别的东西。

我们对现代世界的女人进行调查发现，女人的第一次性行为后常常伴随着强烈失望和失落情绪，因为真正的性行为并不像她们想象的那样令人愉悦。因为在真正面临合法的性交之前，性行为长期受到种种压制和阻碍，现在虽然可以进行性交，但是仍然有羞愧和担心的成分在内。有一种行为很可笑，很多年轻女性在将要到来的美好时光中，总是将做爱时的各种微妙感受看得很神秘，从不会对任何人讲，包括自己的父母。因为，她们认为，爱情的价值只有在秘密的状态下才能显示出来。可是一旦这种感情发展畸形，就会压制其他成分，进而阻碍婚后的情欲——对公开的夫妻关系感觉索然无味，而非常喜欢秘密偷情，冒着的危险越大，就越能感到浪漫和激情。

不过，这种动机仍只是在心理浅层，它不能说明原始的文明现象，只存在于现代文明社会当中。我相信，除非要深入心理的深层次——原欲自身的发展过程中，才能找到影响这一“禁忌”的重要因素。

通过分析发现，儿童时代的性目标始终会存在于人们的内心深处，人们的原欲也总是附着在原始对象上。一个女孩其原欲大部分固定在父亲或者代替父亲的兄长身上，当然，这种恋情不会直接交合，顶多只是在内心深处模糊地勾勒出一个远景轮廓而已，由此，丈夫绝不会是她的真爱对象，只是一个原始对象的替身，她的爱恋永远指向别人，明确地说，即她的父亲；但是这实在是不可能的，于是退而求其次，爱恋自己的丈夫。但她这种恋父情结力量的强弱和持续性直接决定了丈夫是要受到她的冷落还是拒绝，能否得到满足。换句话说，就是和形成神经症的原因一样，性冷淡也是同理。

实际上，一个女人性生活中理智成分越多，原欲对初夜交合带来的震惊的抵抗力就越强，同样，对男人占有她肉体的抵抗也越强。这样一来，女性的性冷淡代替神经症压抑而出现了。假如一个性冷淡的女人正好碰到了一个性无能的男人，那么这种倾向就会非常严重，还会引发出其他的神经症状。

对这种女人的恋父情结，原始习俗显然十分了解并且默许了其存在，他们具有先知地让老人、僧侣或者其他的贤达之士作为父亲的替身，承担初次破坏少女处女膜的重任，和中世纪领主的“初夜权”不谋而合，尽管在当时备受指责。

另外，斯多尔福（A. J. Storfer）也赞同这一观点，并且指出，在存在范围广泛的“托白亚之夜”的习俗中，也通常只有父辈才能有第一次交合的特权。荣格进行调查之后也得到了如是的结论。根据调查显示，很多民族经常用神祇雕塑来完成初次交合的行为，因为这种神祇代表了父亲的形象，例如，在印度很多地方，新娘的处女膜是由一个木制的类似生殖器的神像来戳破的。另外根据圣·奥古斯丁的记载，不知是否就是在他那个时代，罗马的婚礼仪式上也流行着这种习俗，当然，这里已经抽象化了，新娘只需要到称为普莱亚的柏斯神（希腊的男性生殖器）上坐一下即可。

我们在更深的心理层次上还发现了一种动机，正是这种动机导致女人对男人既爱又恨的矛盾感情，同样也是导致性冷淡的重要因素。通过分析，原来在女人初次做爱时，除了会有上面的各种感情外，还有一种完全违背其性机能和职责的冲动。

通过研究一些女性神经症患者我们发现，她们很多在幼年时代非常羡慕兄弟们有一个阳具，当发现自己没有时就十分黯然，因为她们并不知道自己并不缺少，只是和男性不同而已，但她们只认为自己残缺不全的状态是因为受了某种虐待才导致的。这种“阳具艳羡”我们可以将之归为“阉割情结”的一部分，假如说对阳具的艳羡包含着希望成为男性的意味的话，那么“阉割情结”就有对雄性发出抗议的倾向。当时阿德勒首先创造并使用“阳具艳羡”这个词，只是他剑走偏锋，将之来解释所有的神经症，其实并不可取。

无论如何，有一点需要承认：面对兄弟们都有的阳具，发育期的小女孩往往天真地羡慕，进而还产生了一种嫉妒，为了与哥哥们平等，有时候还学哥哥的样子站着小便。前面我们说的一个案例中，一个女人总是在性交之后对她的丈夫产生愤恨情绪，这是因为在她性对象（原始对象，即父亲，在“阉割情结”之后，女孩认识到她是个女孩，会产生“恋父仇母情结”，此前一直都生活在“雄性期”内）确定之前，长期处在一种嫉妒状态中。一切正常的话，女孩的原欲会逐渐移到父亲身上，从此之后，她更想生出一个小孩，而不是只要得到阳具了。

当然在个别特殊的例子中，这个过程发展的顺序可能会有所颠倒，即在进行“对象选择”之后才会产生“阉割情结”，这其实是一种原始的自恋，因为，女孩在“雄性期”内对男孩阳具的羡慕并不是“对象之爱”（Object Core），只是自恋，这不足为奇。

前不久我碰巧遇到一个少妇，分析她的梦之后发现，这是她对失去童贞产生的一种反应——想阉割丈夫，夺取他的阳具，这是梦中呈现出的愿望。我们可以将梦解释为幼年欲望的延续和重复，但非常可怜的是，梦中的一些细节反映出这是一种超乎寻常的反应，这段婚姻的悲剧结局从梦的性质及梦者的举止中初见端倪。

现在我们重新回到“阳具艳羡”的话题上来，那种女人特有的敌视男性的矛盾倾向，总是和两性关系有着千丝万缕的关系，可我们要找到十分突出的例子，只能在一些雄性特征较多的巾帼英雄中可以发现。在弗伦克兹（Frenczi）看来，在混沌初开、两性初分时，女性的敌意就已经存在了，这是他用古生物学的观点去分析女性敌意根源的观点（我现在不太确定了，也许他不是第一个说这种话的人）。他认为，最初性行为发生在两个完全相同的单细胞之间，后来，一些较为弱小的个体开始被较为强大的个体强迫进行性的交合，虽然不情愿，但是屈于强制的淫威只能就范，这很可能就是导致现代女人性冷淡的一个原因。在我看来，这种观点也是合理的，假如我们不过分夸大它的价值的话。

经过我们详细分析女人初次性交的矛盾反应的原因，现归结如下：由于处女的性心理不成熟，她就无法承受突然降临的性生活，这通常由男性引诱她进入性生活中。由此，处女禁忌反而成了人类高度智慧的结晶，因为，这样的规定避免了未婚夫触到这个风险。可是，现代高级文明的社会中，因为复杂的原因和条件，人们更看重女人失去童贞同时带来“性臣服”的各种有利条件，故宁愿去冒这种风险，而不愿放弃这份财产。尽管这样，并不是说所有女人的复仇情绪都消失了。

相反，我们通过分析很多不美满的婚姻后发现，在现代文明妇女的心灵中，由于丧失童贞而导致的去复仇的各种动机还是存在的。现在有很多这样的情况，在第一次婚姻里对男人冷淡至极，最后导致离婚；而当她再婚之后，突然一改之前的冷淡态度，而畅享性爱的无限欢乐，让周围的人震惊不已。可想而知，随着第一次婚姻的结束，那种不良反应也完全消失了。

实际上，每个人内心深处都明白，处女禁忌在我们现代文明社会并未消失，而是依然可以见到踪影。安岑格鲁贝（Anzengruber，奥地利剧作家兼小说家，1839-1889）在喜剧《处女之毒》中曾描写了一个朴实的农民，他很爱一个女孩，但是不愿意娶她，因为他认为“像她这样的女孩，不久就会消耗掉他的生命”，他宁愿女孩嫁给另一个男人，等女孩守寡之后，他认为女孩已经没有危险了，才娶了她。通过这个故事我们会想到养蛇人，他们总是让蛇先咬一下小布块，在认为没有危险之后，就可以安全地指挥蛇了。

在海拜尔（Ferieclrish Hebbel，德国诗人兼剧作家，1813—1863）的剧本《朱蒂斯与何洛佛尼斯》中，朱蒂斯的角色也鲜明地表现了处女禁忌和这种动机。朱蒂斯也是童贞受禁忌保护的一个女人，她的第一任丈夫在新婚之夜突然非常害怕，之后就再也不敢动她，她说：“我的美就像颠茄，若想享受它，要么死掉要么疯掉。”当亚述将军包围了她所在的城池的时候，实在无奈之下，她要用尊敬的美色去诱惑敌人，并将之弄死，从中我们可以看到，这是性欲的要求通过爱国的面具表现了出来。当她被那位粗暴残酷的将领奸污之后，她一怒之下，力大无比，一掌就劈了他的头，从而拯救了民族。

根据心理分析，砍头是阉割的象征，所以，朱蒂斯的行为就和之前的少妇梦中所做的一样，阉割了得到她童贞的男人。海拜尔用一种非常美妙的语言，将伪《圣经》（Apocrypha，基督教徒在公元初期是非法的，经书都是私下偷偷传抄，到二三世纪编《新约全书》的时候，社会仍然不相信传抄的经文，罗马教廷也放弃，而不予以采纳，以后相继出现的各种伪经，都叫作Apocrypha）中爱国行为蒙上了一层浓厚的性色彩。大家知道，在伪《圣经》的记载中，朱蒂斯在回城中时仍以清白自居，因为我们找不到任何关于她这次奇怪经历的记载，所有的真伪《圣经》都没有这一点。这说明，有着敏感天赋的诗人海拜尔可能是看穿了经文的假象，从而重新揭示了故事背后的真相。

萨德格尔（Sadger）绝妙的分析使我们看到，大概是由于海拜尔“恋母仇父情结”的存在，所以才对这个素材感兴趣。他之所以理解埋藏在女性心中深层次的秘密，是因为在童年期两性挣扎中，他总是倾向于女性。他还引用诗人作家的说法，他们之所以改编故事内容，即使内容是肤浅的、虚假的，但是主要是潜意识中的动机寻找披露的借口。朱蒂斯在《圣经》中只是一个寡妇，而在剧本中却成了一个童贞女孩，对此，萨德格尔详细论述了一番，诗人婴儿式的幻想是这种动机的真正原因，目的在于否认父母之间的性交关系，因此母亲成为了童贞的少女。我就此分析补充一下：诗人既然确定了一个童贞女作为主角，他之所以能在童贞女失去童贞上写出很多花样，是因为他的幻想能深入到处女膜破裂后可能会产生的怨恨和悔恨情感当中。

综上可见，初婚时的献身和童贞的被夺取，一方面导致一个女人开始依附于一个男人，这是社会采用的手段；另一方面却激发了一个女人对男人的原始之恨。在这种矛盾下，很多情况下都对性交的快感有所抑制，有些偶尔还会导致心理病症。我们同样可以用这个道理来说明，女人第二次婚姻往往比第一次美满的原因。到现在为止，令人迷惑的原始氏族对处女的禁忌——不允许丈夫去触破妻子处女膜的谜团，有了一个明确的认识了。

还有一种现象值得关注，精神分析学家常常会碰到这样的情况：一个女人心中臣服和敌视两种态度相互纠结，时隐时现。很多女人一点儿都不爱丈夫，对丈夫也非常冷淡，但是当她试图去爱别人时，总会想到丈夫，她还是无法离开丈夫。通过分析我们知道，这种女人虽然对丈夫丧失了热情，但是因为报复情绪尚未完成，她们不愿意脱离束缚，臣服的态度依然存在。当然，女人从来无法知道自己内心深处有这样一种强烈的报复冲动，虽然她们的情绪十分强烈和明显。

附录一

无意识

通过精神分析研究发现，取消或废弃本能的“观念性呈现”并不是“压抑”的实质，其真正的目的是阻止本能进不到意识当中，或者说，不让它成为“意识的”或自觉的。由此，一种仅仅是停留在无意识中的概念永远不能为意识所理解。可是，即使是无意识的东西，也并不是就不存在，而是仍然间接在发挥作用，影响着意识层面，这点我们现在已经有充分的证据可以来证明。只要是被压抑的东西都不是有意识的，但并非只是被压抑的东西就构成了无意识的全部内容，它只是无意识的构成成分之一，它的外延要更广泛。

现在我们怎样更好地认识无意识需要值得研究。截至现在，我们只了解一些经过变形和转化而变成“意识”的那部分无意识，在精神分析的实践中，这种转化是非常常见的。被分析者需要像早先为了压抑问题，从意识中排除问题一样，克服各种阻力，才能实现这种转化。

·第一章·

“无意识”概念的合规性

我们认为每个人的心中存在着一个“无意识”的系统，可是很多人对此持完全否认的态度，认为这种假设纯属编造，无中生有，要将之作为科学研究的前提或者出发点是非常不可行的。对于这些负面观点，我们可以理直气壮地回击，因为我们有足够的证据来证明这种“无意识”领域存在的假说是必要的，并且是合理的。说它是必要的，是因为目前对“意识”的研究还很不系统，健康人和心理病患者的一些心理活动，例如健康人的“行为倒错”活动或者做梦，心理病人的各种反常的病态表现等，这些我们还没有办法通过“意识”活动进行解释，既然意识领域没有它们的证据，那么我们就只能将它们归结为“无意识”领域。

日常生活中，我们有时会突然产生一种“观念”，让自己都会吃惊，可是我们却对它如何产生的一点儿都没感觉；还有些心理活动会导致一种非常奇怪的效果，这也让我们常常莫名其妙。所以，这些现象用原来的观念——即意识可以觉察到我们心中的任何一个独立的心理活动，根本无法解释。如果把它们归结于意识活动，那么意识活动就是一种互相没有联系，也丝毫看不到智慧的活动，但是，假如我们稍加修改我们的无意识活动，就很可能进入一种有证据的联系中。我们完全有必要也非常需要去推导出它们和意识的联系，因为我们可以突破直接经验的束缚；另外，我们还假设存在一个无意识的领域，通过这个假设的存在，我们可以建立起一种能导致成功的实际方法，那么我们就有能力积极地营销意识活动的过程。与之同步的是，它最终反过来还可以为我们证明无意识是确实存在的。所以，那种认为意识能够觉察到内心发生的一切的看法是非常不牢固的，也是一种不切实际和自以为是的看法，对这点我们有足够的自信。

关于无意识的心理状态存在的论点，我们甚至可以说，意识活动所包含的内容在某些特殊时刻是微乎其微的，在绝大部分状态下，很多自觉性认识都长期“潜伏”着，即我们的意识把握和觉察不到，都是无意识的。当我们意识到我们所拥有的潜在记忆，就会深刻坚定无意识存在的必然性了。对此，有些人提出反面意见说，这些潜在记忆，只是一些心理过程的残留物，我们可以继续从中榨取一些心理产品的剩余品，不应该再看作是心理活动。

我认为这种说法还欠妥当，因为，潜在记忆并不是他们所说的心理过程的残留物，而是心理活动的轨迹痕迹。另外，还有一点非常重要，“我们要明白，人们是由于将意识活动当作心理活动来看待这种错误观念，才得出上面的反对意见的”。这种做法人们认为是理所当然的，而无须证明。这种将二者等同的做法，或者就当成是逻辑推导的“预期理由”（即以还未证明的判断当成是证据来证明论题，这种逻辑是不正确的），用来论证“心理活动一定就是意识活动”；要么就是一种习惯性说法，长期一直将之作为专业术语来引用。如果是习惯性说法的话，我们完全不需要去搜集证据来证明，因为和许多习惯性说法一样，这种说法的错误是显而易见的。

下面，我们需要弄清楚这种说法到底有没有用处，我们是否也可以吸收接纳它。现在，我们可以确切地给出否定的答案，这种将二者等同的习惯性做法不仅没有用处，而且还对一切心理的连续性造成破坏，让我们陷入“心理物理平行主义”的困境无法解脱。并且，它还可能因为没有任何根据造成对意识的高估而遭到非议，最终只能让我们根本无所补偿地退出心理研究领域。

现在，我们必须进行仔细的研究，才能弄清楚这种确定存在的潜在心理活动到底是一种无意识的心理状态，还是一种无意识的机体状态。为了容易让人接受，我们先要列出相关的最简单的肯定性质。另一方面，在对它进行物理分析学之前，一些零星的催眠实验就已经呈现出无意识心理的存在和活动方式了，尤其是催眠之后的各种表现和痕迹非常让我们确信。

更深一层次来讲，就是“存在无意识活动”这种假设是完全合理的，因为，我们还是按着人们习惯的思维方式来提出这种假设的。通过意识活动，我们可以知道自己的心理状态，而通过类比推理，我们可以知道其他人也有意识，换句话说就是，要想理解别人的行为和意识，只能靠观察别人身上相似的说话和行为方式（用心理学的专业表达是：不用反思，就认定别人和自己具有相同的构造，所以和我们一样，也具有意识。我们理解活动要进行必须有这种认同作用）。在人类早期，就已经把这种推导或认同作用从“自我”扩大到了别的人、动物、植物和无生命的物体，推而广之到全部的外部世界。

总的来说，就是在这种认同作用下，所有个体“自我”将和自己相类似的身外物体都和自己达到一种“等同”状态，但随着自我和外界的区别扩大，就渐渐放弃了这种认同作用。现在，我们根据我们的批评判断力可以确定地更正，植物是没有意识的，并对动物有意识的观点表示怀疑，这种认为非生物也有意识的假设其实是神秘主义的观点。原始的认同倾向会阻碍批判力发挥作用（把身外之物都看作自己的同类），但即使在这种情况下，那种认为外界一切物体都有意识的假设，它也不是和“自我意识”一样即刻作出的判定，而是由“推导”得出的结论。

和我们的天然倾向不同，将这种推导过程运用到自己身上，是精神分析所提倡的。如果这样做，我们就会说：许多“行为”和“表现”在我自己身上，是不可能和我意识到的自我心理活动相联系或相符合的，所以，很自然我就会将它们看作是属于他人的，即需要同他人的心理活动去解释这些行为和活动。更明确地说就是，对发生在别人身上和自己相类似的活动，我们很容易去解释（即最懂得如何分析它们事件的因果关系），但是我们却不承认自己的心理活动中发生过这种活动。显然，由于我们无法真正地认识它，那么我们所主张的研究应该从自身的“自我”就面临着一个巨大的障碍。

可是，如果我们将这种推导过程运用到自己身上，却没看到我们自身内部的二元对立的话，同样不能揭示出这种“无意识活动”。这样的话，它只能根据逻辑得出一种完全不同的结论，显然这种假设应当受到批判：另一种或第二意识存在于自我当中，它和我们知道的那种意识是结合在一起的。

这种观念的错误在于，首先，一种属于自己但自己又不知道的意识，和那种既属于自己又属于他人的意识存在着根本性的差别。我们非常怀疑研究这种没有重要特征意识的必要性，并且，那些反对存在“无意识心理”的人也不会用“意识不到的意识”来代替它。其次，通过精神分析证明，各种不同的潜在心理活动经我们推导后发现，它们之间高度独立，没有任何联系，出现了谁也不“知道”谁的状况，如果是这样的话，那么我们就可以说第二意识、第三意识、第四意识甚至无穷多的意识也存在自我之中是成立的。最后，这点非常重要，我们考虑到，通过精神分析，一些潜在的意识活动自身还有一些不为我们所知的特征，它们和我们熟悉的那种意识性质相反或对立，导致我们觉得难以置信或百思不得其解。

综合上面的原因，我们现在必须修正自己的思考，即我们要推导或证明的东西不是我们的第二意识，而是一种误解，这种误解是由一种意识所不知道的特殊的心理活动所引起的。我们不打算将之命名为“下意识”或“无意识”，这不仅不准确，而且容易引起误解。通过实践证明，我们的观点和那些有名的“意识分裂”病例是相符合的，这种病人常常是心理活动分裂成了两种，不是处在这种意识之中就是处在那种意识之中，两者交替进行。在精神分析中，我只能得出这样的结论：心理活动本身是无意识的，意识只能像感官“知觉”外部世界一样去感觉它。

在这种对比中，我们还可以得到一些新的东西。我认为，精神分析关于存在无意识活动的假说，既是扩展的原始泛灵主义（我们在周围事物中可以看到自己），又是延伸康德的对各种外部知觉错误看法的批评。他曾警告我们，要记住我们的知觉要受到主观条件的约束，不能将它和我们知觉到的不可知的东西画等号。精神分析也告诫我们，意识的知觉和作为这种知觉的对象的无意识心理活动是不同的，和物理事实一样，心理事实也不是我们所见到的样子。但是，由于内部对象要比外部世界容易了解，所以纠正内在知觉比起纠正外在知觉来要相对容易，这是令我们感到欣慰的地方。

·第二章·

关于“无意识”的不同解释

我们先来认识这样一个事实：精神活动的其中一个特征是“容易进入无意识状态”，但这种特征并不是它最典型的特征。另外，还有一些其他的心理活动，虽然它们的价值不同，但是同样也具有“无意识”的性质。所以，无意识既包含各种只是暂时潜伏而意识不知道，但活动过程同于意识的活动，也包含各种被“压抑”的活动，而这些活动一旦变成意识活动，就会从意识中的其他各种活动中凸显出来，形成鲜明对比。如果今后我们不再分析它们是有没有意识，只是单纯描述各种心理活动，只根据它们和“本能”“目的”的关系，它们的结构，它们所属的心理系统的等级等进行分类联系，那么许多误解就会自然消除。

可是由于种种原因，这种做法是不可行的，例如，我们在“描述意义”和“系统意识”上都会提到“意识”和“无意识”，并没有明确区分。从系统意义角度来说，它们各代表特殊的心理特征，有自己的特征，这就容易造成含义模糊。为了避免混淆，我们可用一些随意的，让人们不会认为它们属于“意识”的名词来称呼我们区别出来的心理系统。在如此做之前，我们要先明确区别的依据，这样的话，作为一切调查研究出发点的意识的属性就需要明确出来。下面，当我们从“系统”意义上提到“意识”和“无意识”时，可以用CS来表示“意识”，用UCS来表示“无意识”。

接下来，我们解释一些精神分析现状所获得的肯定性结论。通常来说，一个心理活动要经历两个阶段或两种状态，同时“检验”或“审查”（即无意识压抑力量）穿插其中。在第一阶段，心理活动大多属于无意识系统，是无意识的，如果它在“检验”时，没有通过审查，就不能进入第二阶段。但是如果它被压抑到了无意识当中，幸运地通过检验，就进入了意识系统，即第二阶段。这时，我们并不能说它进入就是“意识”的，只是具有了变成“意识”的可能性，这需要一些特定条件下才能实现。从它具有变成“意识”的能力这点来看，我们可以称之为“前意识”，假如还有一种专门区分“前意识”和“意识”的审查的话，我们就可以明确区分出前意识和意识。现在，因为在无意识在向前意识或意识变化的过程中，同样会受到审查，我们就只需要记住前意识系统同时也有意识系统的特征就可以了。

之前，是否用动态的观点来看待心理活动，是精神分析和描述性“意识心理学”的区别所在。现在精神分析承认这两个（或三个）心理系统的存在，那么它对描述性“意识心理学”相比就又进了一大步，并提出系列新问题，获得了更多的研究空间和内容，区分更加明显，就是它可以发展出以一种“心理解剖”的东西，即在分析某种特定心理活动时，就要说它是哪个“系统”的，发生在哪两个系统之间。从这点来看，我们可以把它叫作“深层心理学”。我相信，我们要继续深入研究的话，定会取得更大的成绩。

我们要先解答由此引起的各种疑惑和不解，这样才能严肃看待这一和心理活动有关的“地形学”。下面我们所说的心理活动只是一种概念活动，当某种心理活动从无意识系统进入了意识或前意识系统，是否就是说它开始的无意识的内容没有改变，只是同一个概念转换了一个位置，或者，这只是概念自身状况的变化，即同一种材料在同一个位置上变化呢？

如果我们要确定心理解剖学的这个概念，并希望更清晰地了解心灵内部的东西，那么肯定而且必须解决这个听起来比较艰涩难懂问题。其难点在于要触及心理器官（大脑）和解剖的关系问题，即解剖能不能用在精神器官上，这点已经完全超出了纯粹心理学的范畴。现在通过科学研究的各种证据发现，这种关系是存在的，即心理活动和大脑的各种机能（不是身体其他部分的机能）有着非常密切的关系。

假如非常幸运，我们发现大脑各部分有不同的作用，并且各部位和身体的某些特殊部位、特殊的心理活动也存在关系时，那么我们的研究必将还会更进一步，虽然具体的程度我们无法预知。可是，从这点出发，想要发现心理活动发生的具体位置，确定“观念”储藏在神经细胞内，兴奋会通过神经纤维来传导的想法，是很不现实的，注定要碰壁的。同理，想要在大脑皮层找到意识系统的解剖位置，以及在大脑皮层下找到无意识活动的解剖位置的做法也是不可取的，同样会是失败的。因为，由于它已经超出了心理学的范围，无法给现在还是空白的科学领地填补起来。这就意味着，目前，心理地形学和解剖学没有什么关系，换句话说，与之相关的是位于身体某一部位的心理器官的内部区域，而不是解剖学上的位置。

关于这方面的研究，只要需要，我们就可以按照自己的想法去做，不受什么限制，但是我们要明白，我们提出的假设现在只是一种图解性的说明，我们可以优先考虑第二种假设，即位置不变，但变化的是概念本身的状态或功能，这种可能性是比较大的。当然，缺点在于可塑性不强，很难阐明和更改。反之，第一种假设，作为最方便的假设，也是最不成熟完善的假设，即某种概念无意识阶段只是在原来状况不变的情况下，位置发生了变化。这种假说，注定要从地形学的角度，分为无意识系统和意识系统。即同一种概念有可能出现在心理器官内的两个地方，事实也是这样，当某种概念顺利通过了“审查”，它就会发生位置转移，而并不会失去原来的状态和内容。

这种假设听起来很不可思议，我们可以通过精神分析实例来取证。例如，一个病人可能以前有过某种概念，但是后来被压抑了，当我们和他交流这个问题时，我们发现他的心理状态并没有什么不同。其实，对于“压抑作用”加在这个概念上的抑制力，我们的这种交流并没有在冲破抑制力上给他多少帮助，换句话说就是没有消除这种压抑，那么原来的无意识概念也就无须期望会变成意识的概念。相反，我们在开始能取得的东西就是，在不经意的情况下，让他放弃这个被压抑的概念。

这里我们可以看到，在病人的心理机构中，上述概念实际上是通过两种不同的形式出现在两个不同的位置上的。我们传达给他的这个概念的听觉形式的意识的记忆是第一种形式和第一种位置。实际上，压抑设置的障碍，在这个有意识的概念克服掉一切障碍和它的无意识的记忆痕迹联系起来之前，是不会去掉的，要想上述努力成功，那么只有通过把无意识的记忆痕迹变成有意识的才行。在没有深入思考的情况下，我们很容易将有意识的概念和无意识的概念看成是同一内容在两个不同地形位置上的不同显现。我们若是仔细思考，就会发现，病人这时获得的信息，和他被压抑的记忆之间只是表面上的相似，在心理性质上，听到和经历某种事情虽然可能内容相同，却是完全不同的两回事。

现在我们还不需要非得从这两种可能性之中选出一个，或许今后由于某些因素的影响，我们会偏向一种而忽略另一种，也许发现我们提出的问题根本不合适，应该用另一种方式来区别有意识概念和无意识概念。

·第三章·

无意识情绪

上面我们所讨论的东西只限于“概念”范畴。为了阐明我们提出的理论，现在想提出一个新问题并求解。有意识和无意识常被我们作为一对相对的概念提到，但是和有意识一样，无意识是不是也存在无意识的本能冲动、无意识的情绪和无意识的感情呢？并且若是将这些合在一起阐述又会产生什么样的结果呢？

在我看来，这种无意识和意识之间的对立在本能这里是不能适用的。本能绝对不会被“意识”意识到，只有那些能再现“本能”的概念才能成为意识的对象。具体说就是在无意识当中，如果本能不通过概念的形式表现出来，就不可能表现出来。本能必须把自己附着在一种概念之上才行，假如我们的印象对它的状态不深刻，那么我们是不可能了解到它的。我们常常口头说的“某种无意识本能冲动”或“某种潜抑了的本能冲动”等，这种表达其实并不严格，并且会造成混乱，只有“无意识”才是我们所提到的本能冲动要正确表达的意思。

鉴于这些情况，我们就很容易回答无意识感受、无意识情绪和无意识情感的问题了。我们的意识可以把握到某种情绪的本质，也就是说，情绪的本质可以成为意识的对象，所以，在阐明“无意识”性质的时候，必须把情绪、感受、情感等考虑进去。在精神分析实践中，我们常常说“无意识的爱、恨、愤怒”等，有时候还会不自觉地将一些奇怪的字混合起来说，如“无意识的犯罪意识”等，或者用一些看似矛盾的组合“无意识的欲求”

等，和我们常听到的“无意识本能”相比，这些称呼有没有更丰富的含义呢？我们还要研究一下。

上述两种说法和事实完全不一样。第一，可能事情的经过是这样的：某种感情或情绪的冲动被感受到了，但由于真正能明确表达它的用语受到了压抑，于是它只能去寻找另外一种概念，可“意识”误将这种感情或情绪当成了这种概念的具体呈现，对它的解释是错误的。如果我们将那个真正适合它的概念和它联系起来，那么我们就可以把原来的感情冲动叫作“无意识冲动”，我们要明白的是，这样称呼是可以的，可由它导致的感情效果却不会是无意识的，因为真正的真相是它的“概念”被“压抑”了。

通常来说，本能冲动在遇到压抑之后，量的方面所发生的变化，我们才定义为“无意识感情”或“无意识情绪”。这种量的变化我们现在可以分为三种：1.这种感情被压抑后其全部或部分被留存下来；2.这种感情变成“焦虑”或“欲求”，转变为一种不同质的情感；3.这种感情发展受到阻止，或被抑制（和研究“精神病”相比，研究“梦”更容易了解这些可能性）。我们都知道，“压抑”活动的真实目的就是阻止感情的发展和生成，否则的话，它就相当于没有完成任务。我们将“压抑”活动成功禁止了其发展的感情叫作无意识的感情，当压抑取消时，它们就又恢复原状。

所以，我们必须承认，这些字前后还是一致的。可是，和“无意识概念”相比，它们之间就存在着很大的差别：在受到压抑之后，无意识概念仍然作为UCS系统中一个真实存在的结构继续存在，但是在这个系统中，和它相对应的意识情感却还是得不到发展，处在压抑状态中。严格来说，虽然“无意识情感”这种称呼并没有什么不对，但是实际上“无意识概念”意义上的“无意识情感”是根本不存在的，只是有可能在UCS系统中存在一些可以变成“意识”的情感结构而已。所以说，概念大都是记忆留下的痕迹，而情感和情绪则是一种排出（释放、发射）活动，我们最后感知到的形态就成为感情，这就是它们之间全部不同的事实。现在，我们对情感和情绪的了解还不是十分清楚，所以，对区别的解释也不是十分准确。

不过，我对我们证实的一件事比较感兴趣：本能冲动在“压抑”作用下可以转化成情感表现，由此成功地抑制它。由此可以发现，意识系统总是控制情感表现，而放纵运动活动。这里，压抑的重要性一再被强调，因为压抑不仅阻止事物进入意识，而且还在阻止情感表现的同时引发肌肉活动，相反的话也是这样。

可能我们会说，只要意识系统能控制感情表现和肌肉运动，那么人就会表现出正常的精神状态。可是，这种控制和上面所说的两种相互邻近的发泄活动和运动之间的关系，是非常不同的。意识可以牢固地控制自动性动作，除非患了精神病，否则不论神经机能失调后如何高频率地冲击都不会受到影响；但意识对感情发展的控制则具有可变性，不那么固定，意识和无意识之间控制情感的斗争始终在进行，这可以在我们日常生活中觉察出来。有时一些领域的影响会区分得比较明确，可有时几者又会相互融合同时作用。

由于意识或前意识系统对释放感情和身体动作具有非常重要的作用，我们更加明确了一个事实：当开始的概念被压抑之后，一个替代性概念生成并继续存在，而它的重要作用在于病情的形式是由“替代性”概念来决定的。如果情感直接从无意识系统中产生，由于它代表着一切“被压抑的感情”，那么生成的情感就会有焦虑（欲求）的特点。不过，在大多数情况下，“本能冲动”还是比较有耐心的，它会一直等到在意识系统中找到一个替代性概念，并且它产生出来的情感的“质”的特征是由它本身的性质决定的。

我们说，在压抑活动中，情感并不和它归附的或产生它的概念同步，而是各自走自己的路，经历不同的变化。这种情况在描述的角度上是非常正确的，可是事实会比较复杂，情感活动要想成功产生出来，必须冲破限制，在意识系统中找到一个新的替代者才可以，通常它是不能直接生成的。

·第四章·

压抑的动力性和解剖学

通过前面的分析我们知道，“压抑”是一种处在无意识系统和前意识系统相连接的地方，对“概念”施加影响的活动。现在我们仔细研究一下这个活动，我们知道，发泄的收回或撤离就是压抑。我们要讨论的是在哪个系统中发生这种撤离行为，当发泄受到阻止后，它又回到了哪个系统当中。

在无意识系统中，因为被压抑的概念仍具有活动能力，也就保留着“发泄能力”，所以，只能是不同于这种概念的另一个东西撤离回来。我们现在要分析的情况是，当一个位于前意识中的概念，或者一个已经进入意识的概念在“压抑活动”的影响下，会发生什么样的情况。这时，压抑抑制的是前意识概念的发泄，阻止那个属于前意识系统的前意识概念，让这种发泄停止。

由此，这个概念会出现三条道路：1.不能再发泄；2.从无意识系统中接受发泄；3.保留之前进行过的无意识发泄。相应，我们可能得到三种结果：1.撤离回来的前意识；2.保留下来的无意识；3.代替前意识发泄的无意识。我们还发现，上面的分析是建立在一个假设之上进行的，这种假设让我们联想到了解剖学，即从无意识系统向离它最近的系统过渡，无须通过制造一个新的替代物完成，而只需要改变它本身的状态就可以，或改变它自身的发泄就能完成。

虽然清楚了力比多的撤回过程，但是对“压抑”的另一个特点我们还不清楚。即这个概念保留了它的发泄或者从无意识系统中接受了发泄，那么它为什么不能通过自身的发泄重新进入前意识系统？假如这样，力比多的撤离就需要重复，同样的活动也许就一直进行下去，那么结果就不是“压抑”了。我们需要考虑到，在压抑最初始阶段，有一个没有从前意识系统中接受发泄的无意识概念，由于这个概念必须存在，所以，上面说的前意识发泄的撤回，也不能很好地解释最开始的压抑活动。

所以，我们要寻找到一种支持“压抑”，并能保证形成和继续的活动，那就是“反发泄”活动，通过它才能保证无意识概念不去侵犯前意识系统。从治疗实践中我们可以看到，“反发泄”活动在前意识系统中的具体表现，这种表现是开始的压抑活动需要的连续性、持久性保持的代表。初始压抑活动的主要机制就是“反发泄”，还有一种撤离或阻止前意识发泄的活动也加在压抑活动当中。那种从“概念”中撤离回来的发泄，就会成为供“反发泄”者发泄的，这是非常有可能发生的事情。

心理现象大体结构也已存在两大观点，即动力学观点和解剖学的观点，现在，随着讨论的发展，我们渐渐发展出了第三种观点，即经济学的观点。运用这种观点，我们将会彻底知道，并相对正确地估计出到最后，特定量的兴奋会剩下多少，有什么样的价值。这是精神分析研究最后的方式——观看问题的方式来分析。我认为，当我们把某种心理活动的动力学方面、解剖学方面和经济学方面全部成功描述出来之后，可以取一个特殊的名称，例如可以叫作是“心理学的玄学描述”。当然，我们需要提前声明，由于现在我们掌握的知识有限，即使取得了一定成绩也肯定是不全面的。

下面，我们可以尝试用玄学心理学的方法，描述一下我们熟悉的三种转移型神经症的压抑过程。由于上面病例分析中研究的主要东西就是性冲动的命运，那么在下面分析时提到发泄时用“力比多”来代替。

第一种是忧虑型歇斯底里症。只要仔细观察，这种病的发病初级时期是能看出来的，但是人们常常忽视或漏掉了对此时期的观察。它表现出看上去是一种忧虑，可是忧虑者本人对害怕什么不知情的特点。其实，在这一时期，无意识系统中肯定有一些爱欲冲动要求转化成前意识系统的动力，同时，前意识中的力比多冲动正要从此撤离。由此，无意识力比多冲动就通过忧虑形式排放出来，它是包含在已经被放弃或压抑的概念中的。

在重复这一过程当中，支配或克服这种忧虑的脚步就又前进了一点儿。那个无法控制的忧虑之所以能成功爆发，就是因为逃回去的力比多冲动，附着到一个替代概念上，它一方面用联想的方法联系那个放弃或压抑的概念；另一方面，它由于远离这个概念已经不再会受到压抑。这样，这个替代概念就在意识/前意识系统中发挥“反发泄”或反力比多冲动的作用，即一方面阻止被压抑的概念进入意识，由此保护系统；另一方面，它又承担在这里爆发和投注的忧虑感情的交接站。

通过实际病例发现，当一个儿童有“动物恐惧症”的时候，会感受到两种不同条件下的忧虑：一是当被压抑的爱欲冲动强烈的时候，这时，替代概念是以一个从无意识系统向意识系统过渡的指挥者的身份出现的；一是当孩子看见令他害怕的动物的时候，这时，它以一种释放忧虑的独立根源出现。从意识系统进行的进一步控制，通常呈现出替代概念更容易出现的倾向，这是伴随着第一种条件持续时间延长才产生的。儿童最终或许会表现出下面两种情况：1.好像他非常厌恶他的父亲，并且尝试脱离他的控制独立出来；2.害怕动物是他唯一的恐惧，这种恐惧会一直增长到和无意识本能产生的恐惧相等，这种恐惧忽视所有来自意识系统的影响，只在无意识中暴露真相，这是一种最顽强和最放肆的恐惧。

当忧虑型歇斯底里症发展到第二个时期，“替代概念”在意识系统的“反发泄”作用下开始形成，随后，在另一个地方，同样的机制又在发挥它的作用。现在，我认为，压抑活动不仅没有结束任务，反而又开始禁止那个由替代概念激起的忧虑。这种活动进行的方式是这样的：强烈的力比多“冲动”，附着到所有和替代概念相近的联想上，由此呈现出某种程度上对“兴奋”的高度敏感。因为它各处的“兴奋”都和替代概念相联系，所以在这个保护性结构中，都会导致忧虑的轻度增长，这种忧虑并不会继续进一步增长，这是因为，上面的增长传导出了一种信号抑制了它的继续，这种抑制是通过力比多冲动的新的逃避行动来实现的。

这种“反发泄”作用非常敏感和活跃，它在替代物周围扩散得范围越大，那么，使替代概念不受新冲动干扰而独立的机制就越准确。我们知道，这种保护机制对本能冲动是不会抵制的（它根据被抑制概念的联系方式和替代概念进行联系），它只抵制外部知觉的干扰和侵犯。所以，只有在替代概念胜利取代了被抑制概念时，这种机制才开始发挥效力，况且从来不会在一种完全安全的情况下起作用。本能兴奋的增加和围绕替代概念防护的扩展成正相关，这全部的结构（类似的方式出现在其他神经官能症中）就是我们所谓的恐惧。在忧虑型歇斯底里症中的退避、放弃和犯禁等，都是替代概念逃避有意识投注的详细表现。

综上，我们可以发现：第三个时期的活动是不断重复和扩大第二时期的活动，意识系统现在为了保护自己，通过它周围存在的各种联想的反投注作用来抑制替代概念活动，这和最初系统通过替代概念投注，制止被压抑的概念来保护自身是一样的。由此，这种替代结构就通过转移作用发展起来。

需要补充说明的一点是：在意识系统中，替代概念就是开始时有一个被压抑本能冲动冲破的小环节（或者说，替代概念是被压抑的本能冲动的唯一出口）。但是随着情况发展，整个保护性结构及恐惧都开始和那种非常突出的无意识影响相对应。

再深入一点儿就是说，对来自本能的威胁通过自卫机制而外射出去，可是通过自我展示行为，我们好像看到不是来自本能，而是来自外部知觉的威胁对忧虑造成影响。这肯定会导致一种结果，就是自我面对外部危险时，本能反应就是企图逃避，也就是恐惧时作出的那种逃避。在这个过程中，压抑仅仅在抑制忧虑排泄中起到了一定的作用，但这是成功也是牺牲，因为它是以丧失个人的自由为代价的。然而，从本能需求中逃避的企图用途很小，通过“恐惧”方式进行的逃避，效果也不是很好。

其他两种神经官能症的症状和忧虑型歇斯底里症的大部分都比较相似，下面，我们主要把精力集中在它们的区别和“反发泄”活动所起的作用上。专门研究歇斯底里症的人可以研究一下，在转移性歇斯底里症中，被压抑概念的本能性投注变成发病“刺激”时，在多大程度和什么情况下，这种无意识概念对自己本能冲动的投注是通过这种向“刺激”转化的方式进行的？或者说使它克服压力进入意识系统的？这些类似的问题都比较专业。

其实，在转移型歇斯底里症中，我们很容易看清意识系统和前意识系统的“反发泄”所起的作用，一般表现为“症状的形成”。这个投注应该集中在本能表现的那一部分是这种“反发泄”来决定的。经过它选择出来形成“症状”的那部分，必须适合表现本能冲动的目的，至少要达到意识系统自卫和惩罚活动需要的条件，由此，精力的过渡发泄就实现了，它和忧虑型歇斯底里症一样，双向得到了维护。我们可以轻而易举地得出，意识系统进行压抑时所花费的力量和症状呈现的能量发泄并不一定完全相等，因为压抑时花费的力量是通过“反发泄”付出的力量来衡量的。症状之所以能表现出来，是在“反发泄”和无意识系统中的“本能性发泄”共同支持的结果。

另外，关于强迫性神经症，我们可以通过补充“论压抑”中的一点就可以说清楚，造成初始压抑的原因在于，意识系统的“反发泄”突出并占据了中心地位。这时，压抑表现出“反抗”的形式，随后，就成为了“被压抑的概念”的突破点。我们还可以进行这样的假设，如果说压抑活动在转移型歇斯底里症中更成功的话，那是因为，在忧虑型歇斯底里症和迷狂心理病中，“反发泄”过于突出，以致压抑活动很难找到突破口造成的。

·第五章·

无意识系统的特点

我们的心灵中包括意识系统和无意识系统两大系统，如果我们仔细观察其中一个，发现一个系统所具有的特点，那么也会发现另一个系统所没有的特点，我们可以从中得到很多启发。

“本能显示”是无意识系统的核心，发泄精力是无意识系统的目的，换句话说“欲望—冲动”就是这个系统的关键，这里，各种本能冲动并列存在，相互独立，并行不悖。即使两种看似南辕北辙的欲望同时活跃时，它们只会结合起来达成一个居中的协议，而不会敌对和互相对抗。

由于只有通过处在无意识系统和前意识系统的审查检验后，系统中才会出现否定、怀疑和肯定，在这之前是没有的。在较高的意识层次，否定是代替“压抑”，但在无意识系统中，否定只是以不同程度的“发泄”存在。

和其他系统相比较，在无意识系统中，发泄的强度相当变幻莫测。转移作用，会将一种概念和它全部的力比多冲动转让给另一种；压缩作用，会把属于多个概念的全部力比多冲动揽归自身。我认为，这两种作用可以被定为心灵初始活动的“典型标志”。因为在无意识系统中，只有一种“次级活动”最主要，可是当初始活动发挥作用时，和属于前意识系统的各种因素联系或结合起来时，它就相当荒诞了。

无意识系统的活动并不会随着时间顺序进行，也不会因时间而改变，是无时间性的，而意识系统中的活动则相反，具有非常强烈的时间性。

无意识系统的活动是由它们拥有的能量和快乐痛苦的原则决定的，和现实无关。

综上所述，无意识活动具有这么几个特点：各种活动相互并列，互不矛盾；是一种“初始活动”，即发泄性运动；没有时间性；外部实在由心理实在所代替。

这些无意识活动，我们只有将更高级的前意识系统中的活动，通过退回，回到低级层次上时，我们才能看到，所以通过人们的梦境和对各种心理病症观察，我们能看到一些。也就是说，这种活动因为不能独立存在，那么也就不能被我们独立观察到。在无意识系统刚刚出现的时候，前意识系统就将之覆盖了，只有前意识才能使之进入意识并发生运动。无意识系统要通过某种物理刺激才能促进情感发展，这是它发泄的渠道，但是前意识系统已经收归了这个唯一的发泄口，通常意义上，如果只有无意识的话，它只能指挥做出习惯性的条件反射活动，外在的连有目的的肌肉活动它都指挥不了。

我们要走远一点儿的话，可以将其和前意识系统做比较，这样能更加透彻地了解无意识系统各种特征的作用，可这样未免脱离了现题，所以我们可以等到研究更高层次的意识系统时，再做这些工作，目前，只对几个重要问题说明一下。

前意识系统中的活动，都会呈现出对投注概念外向发射趋势的一直作用，而不论它们是否已经变成了有意识的，或还只是具有变成意识的可能性。假如一种活动从这个概念转向那个概念时，第一种概念会保留下它的一部分冲动或发泄，这就意味着，在第二种概念中只保留有一部分冲动力，这里，由于它们受到很大的限制，通过“初始活动”方式进行的转移和凝聚是不多见的。针对这种情况，布留尔推论出，心理活动中存在两种不同能量的投注阶段，一个阶段这种能量是受束缚的；另一个阶段能量是自由的，并且开始向外发泄。我非常赞同这个观点，它代表着我们对心理能量本质的深刻认识。现在我有个大胆的想法，我们需要用玄学心理学的方法来描述这个问题，这是一件非常紧急的事情。

另外，前意识活动还需要做这样几件事情：交流不同的观念性内容，使之相互影响；联系时间；设立审查关卡，建立检验现实的“现实法则”。和无意识经验在前意识中得到固定“记忆痕迹”显著不同的是，有意识的记忆也都依赖前意识系统。也许，它和某种特殊的“复现”相对应，“复现”这个词，我们在解释有意识和无意识概念之间的区别时曾用过，但后来被废弃掉了，这里用它或许比较准确。现在，要想从对称呼更高级系统中的困窘中跳出来，我们还需要再发现一些新的手段（现在名字比较模糊，有时称为前意识，有时称为CSO）。

这里我要提醒的是，我们现在对各种心理活动进行归类并作出解释和描述的行为，先不要急于去评论，这里都是以成年人的心理状态为研究对象，无意识系统在这里只能算是较高级心理系统的初始阶段。而个体发展后系统的内容和联系，在动物界中这个系统的意义等问题，都还不能从上述描述中直接推导出来，这需要我们对之进行独立研究。从更深层次来说，在人类心理生活中，上述两种系统可以进行相互变化和交流的病理学情况，我们还需要认真研究。

·第六章·

两种系统之间的交流

这种观点是非常错误的：心灵的全部工作都由前意识来承担，而无意识毫无作用，无意识只是某种退化的器官留下的痕迹而已。还有一种错误的假设：前意识把所有妨碍它的东西都转移到无意识中，“压抑”活动是这两个系统之间的唯一交流。事实并不是这样，因为无意识是一个富有活力的系统，它不仅自身保持发展，而且和前意识保持着合作等多种关系。总之，无意识系统在我们看来应该是一个具有延伸性，或者不断向它的衍生物转化的系统，它接受现实生活影响、不停地作用于前意识并受前意识影响。

无意识本能冲动的衍生物十分特别，因为，它们自身有许多相对立的特点。一方面，它们是高度组织化的，充分利用从意识系统获得的东西来乔装打扮，表面上看不出任何矛盾对立，用我们的普通判断力，简直无法将之从这个系统的结构形态中区别出来；同时，它们绝不会变成意识，只能是无意识的。按照性质，好像属于前意识系统，实际上它们就是无意识系统的，它们的出身从一开始就决定了他们的命运。这和人类中的混血儿有很多相似之处，最初看上去他们是白人，但不时表现出有色人种的一些特征，所以，他们受到白人的排挤，享受不到白人的特权，这种情况与正常人和患有心理病症的人的“幻觉世界”具有同样的性质。

我们知道，梦和心理病症的初始阶段就是幻觉的形成，虽然它们组织性强，处在潜抑状态，但也不能变成意识。它们在没有明显“发泄”之前，几乎和意识没什么差别，不会受到任何干扰。如果它们受到某种干扰，就会马上被压抑回去。同理，“替代——结构”也是无意识中一种高度组织化的无意识衍生物，区别在于，如果它们和同一个前意识区域的“反发泄”重合时，就能成功地进入意识领域。

我们要想找到克服进入意识遇到的困难的办法，需要从别的场合了解一些进入意识的条件和方式。首先，我们要先回想一些从意识的角度提出的观点：意识总是把全部心理活动归到前意识领域。因为很多前意识材料由于来源于无意识，所以就具有无意识衍生物的特点，当它们进入意识时必须受到“审查”，可是另一部分前意识资料，则无须审查直接进入意识。这里，我们就会发现有矛盾的地方在原先的假设中，从“压抑”的角度来看，因为审查决定着处在无意识和意识系统之间的意识，它必须进行审查。

可现在我们发现，在前意识和意识系统之间还有一道审查。我们忽略这个复杂的过程，可以假设，从每一个系统向比它更高一级的系统过渡的话，都需要经过一道审查。这样的话，我们之前提出的“每进一步，只是复制一个原物的复制品而已”的假设就必须抛弃掉。

“意识性”是我们直接观察到的心理活动的唯一特征，但意识本身又不能划分不同系统的标准，这是我们在解决上面问题时遇到的各种困难的一个原因。众所周知，意识领域的东西有时会被潜抑，那样就不一定能被意识到。研究发现，很多即使具有意识系统特征的东西，也还是不能成为意识。并且，一些“注意”倾向也束缚着它们进入意识的可能性，即意识和不同心理系统的关系，意识和“抑制”活动的关系，都比较复杂。其实，除了那些被压抑的东西之外，还有一些对自我进行支配，之后成为被压抑东西最强大的对立面的种种冲动，这些都是和意识相离异的。我们只有摆脱过去的成见，特别是那种非常看重“有意识状态”的各种征兆的成见，才有可能用玄学心理学的观点来指导自己的分析。

如果我们还固执原见，那么在综合评价时，就很容易受到各种例外情况的干扰。大家知道，进入前意识的衍生物一般都经过了乔装改扮，作为替代性结构和神经症状进入意识的，所以已经离无意识很远了（许多经受了压抑，但也保持原状）。我们发现，很多前意识构造虽然根据性质判断，它们应该变成意识，但由于无意识的巨大吸引力，它们还是保持了无意识的状态。

对于意识和前意识的区别暂时分析到这里，下面我们要讨论一下前意识和无意识的不同。前意识领域边界上进行的审查，对无意识毫不留情，可是它不能辨别无意识的衍生物，从而无意识的衍生物可以混过去，获得更高级的组织结构，在前意识系统中进行“发泄”；但是它们并不就此罢休，而是继续向意识领域前进，于是必然要受到意识和前意识之间审查者的检验，一旦被识破是无意识系统的衍生物，就会再次被毫不留情地“压抑”回去。这就意味着，第一个关卡主要是审查无意识本身，而第二个关卡专门审查无意识系统在前意识中的衍生物，我们觉得，这个审查者在个体发展过程中自己也前进了一大步。

通过精神分析，我们已经确证前意识系统之间存在一个审查者，我们可以让病人随意产生无意识的衍生物，并且可以帮助它们通过审查，跳过第一个审查者的压抑。另外，通过前意识和意识系统之间审查关卡的存在，我们可以知道，“变成意识”不只是一个单单的知觉活动，也许还是一种精神过度发泄，或者说是一个更高级的层次从心理结构中发展出来。

现在，我们再来关注一下它和其他心理系统间的交流。各种系统在本能互动的最基层，通过非常随意的方式进行交流，其中的一些一直待在无意识领域，而另外的一些则非常活跃，可以肆无忌惮地穿过无意识系统到前意识系统，甚至还能到意识系统，知觉外部世界所经历的经验也会影响到无意识系统。一般来说，除了要到达无意识之外的道路会受到“压抑”外，从知觉到无意识系统的所有道路都是畅通无阻的。

让人匪夷所思的是，两个人的无意识可以相互影响，但是他们的意识却可以毫无瓜葛，这点我们还要仔细研究，要想达到描述的最终目的，那么我们必须分析造成上述结果的所有因素，但是前意识不算在内。

通过无意识媒介的自我本能生活和知觉是前意识或意识系统内容的两大来源，对于前意识系统或意识系统会对无意识产生什么样的影响，我们现在还不得而知。通过分析精神病病例，我们发现，他们的无意识系统和常人不同，非常独立，丝毫不受外界的影响。这种病人的两个典型特征是注意力比较分散和这两种系统完全分离。由于精神分析治疗，是通过意识系统来对无意识系统施加影响的，可病人两种系统是完全分离的现状，所以疗效并不像预期的那样好。虽然无意识衍生物作为这两种系统之间的中介，可以完成这个任务，但要想通过意识作用来引起无意识内部自动改变，这个过程还是比较艰难和缓慢的。

虽然无意识冲动受到强烈的压抑，但是前意识和某种无意识冲动的合作也是有可能的，只要无意识冲动和其中一种控制性倾向相协调即可。此时，抑制没有了，被压抑的活动也反过来成了支持自我达到目的的力量。无意识在这种相对没那么复杂的结构中，变成了自我错误，和自我相统一了，但不会影响到其他方面的压抑活动，这里无意识在合作中起到了非常重要的作用。只要受到强化和支持的倾向被揭示出来，我们就会发现，它们不同于普通的趋势，它们可以对迷狂症状等相似的相反倾向进行彻底抵抗，并且可以取得非常好的结果。

无意识所包含的内容打个比方来说的话，可以说是心理王国中的原始居民，假如说人和动物相似，在内心存在着像动物本能一样的东西，可以从遗传得来的心理构成，那就是无意识系统的核心。很多东西由于在儿童期没什么大作用，就被抛弃掉了，但是后来又逐一得到补充，补充的性质也基本相同，直到青春期，这两大系统的内容才完全分开。

·第七章·

如何识别无意识

通过我们对梦的生活和转移型心理病的了解，假如只有这两者是无意识概念的最初来源，那么，我们对该系统所做的推断就基本上都包括在上述内容中了。当然我们阐述得还不太多，在某些论点上给人一种模糊和混乱的印象，特别是我们试图把无意识和我们已经熟悉的东西联系起来，后来发现却不能实现，或者试图想把它归在任何标题名下，最后发现也落空了。现在，我们要对一种被称为自恋精神性的神经症进行分析，希望通过讨论能给我们提供一些概念，使神秘莫测的无意识，可以在我们力所能及的范围内产生一种有形的形象。

自从亚伯拉罕的一本著作发表以来——该书的作者坚持认为是我的支持才公之于众的——我们就一直试图通过自我和对象之间的对立来回答精神分裂症的形成原因。在例如焦虑性、倒错性、强迫歇斯底里症等转变型神经症里，无法特别突出这些相对立的东西。

的确，我们知道，来自客观方面的挫折引起了神经症的产生，并且神经症基本表现为放弃真实的客体；我们还知道，从真实客体中撤回的力比多，首先回转到一个幻想中的客体，然后又到了一个被压抑的（内倾性格）客体。但是，对象性发泄一般来说在这类情况下带有非常大的能量，通过对压抑的更细致的考察，我们必须接受这一点，尽管有压抑作用——或者说由于压抑作用的缘故——这种对象性发泄还是要存留在无意识系统里。确实，我们把转移能力用于治疗这些疾病，也能保障对象性发泄畅通无阻。

另一方面，在精神分裂症里我们必须接受，被撤除的力比多，在受到压抑后并没有一个新的对象出现并适合它，而是退入到自我里去了；就是说，对象性发泄在这里被放弃了，自恋的一种原始的无对象的情况又重新建立起来了。这些病人在转移上的无能，使得无法对之进行治疗。它对其外部世界特点的否认，它自我的过度精力发泄的表现，及最终的情感淡漠、无所能令它动容等，所有这些临床特征似乎都和对象性发泄已被放弃的这个假设完全一致。绝大部分专家对这两种心理系统相互之间的关系感到震惊，即在精神分裂症里，有许多东西是有意识地表现出来的，而在转移型神经症里，要想证明它们存在于无意识之中，只有依靠精神分析。但是，在最初，我们还无法在自我和对象的关系与意识的关系之间建立任何明确的联系。

根据以下列出的非正常逻辑的方式，我们好像可以得到要知道的东西。我们看到，在患精神分裂症的病人当中，特别是在早期阶段，他们有许多言语上的变化，有些变化应该从一个特殊的观点来看待。病人往往特别注意他的表达方式，好像是十分用心的、绞尽脑汁设计好的，可他们的句子结构特别混乱，常人完全无法理解，以致人们往往认为病人的话毫无价值。实际上，可能是有某种和身体上的器官或神经支配的关系，才导致这些谈话的内容是这样的结果。这可能和我们观察到的另一种情况有关，即上述症状和歇斯底里症或强迫性神经症的替代形成物比较类似，替代物和被压抑的材料之间的关系仍然发挥着特殊作用，它们表现出的两种形式的神经症，都让我们感到非常惊讶。

维也纳的维克多·托斯克先生为我的论述提供了一些观察材料，这是他对精神分裂症的早期阶段所做的观察，这些材料的特殊价值在于，病人本人急于要进一步解释他的话。我要举他的两个例子来证明我的观点，我毫不怀疑，每一个观察者都能很容易地拿出许多这种材料。

托斯克的一个病人，一个和她的情人吵了一架之后被送到诊疗所来的姑娘，抱怨说她的眼睛坏了，被扭歪了。关于这一点，她用非常合乎规范的句子对她的情人进行了一系列的谴责。她根本无法理解她的情人，在她看来，她的情人每次看上去都不一样，他是一个伪君子，一个扭歪眼睛的人，他把她的眼睛扭歪了；现在这两只眼睛不再是她的了，导致她现在只能用不同的眼睛来看世界。

这个病人的第一句话令人非常难以理解，但对我们来说，她后面对这句难懂的话的再次解释才具有真正的分析价值，因为这些话包含着和原话相似的东西，并且这些话也解释了言语形成在精神分裂症里的内容和源起。我非常赞同托斯克，但我仍要在这里强调这一点，病例中，她思想的全部内容，要通过身体上的器官（眼睛）的情况来表达。精神分裂症病人的言语表现出了歇斯底里症的特质，这就意味着，它已经变成了器官言语。

这个病人的第二段话是：她正在教堂里站着的时候，突然感觉到被人猛地一推，她只好改变她的位置，好像有人把她推到一个新的位置。随后就又对她的情人进行一系列新的谴责：他很粗劣鲁莽，尽管她天生文静高雅，可在他的影响下，她也变得庸俗了。他通过让她感觉到他比她优越的方法，使她变得就像他本人一样，现在确实她已经变得像他一样了，因为她认为，假如像他的话，她的情况就会更好些，他总是表现出高贵不俗的假象，现在她和他一样了（同一性），他改变了她的位置（最后这句话还是一种文字游戏，或者说这个词是有说话当事人的隐含比喻的）。她改变她的位置的动作，托斯克评论说，代表那种改变她地位的观念，代表和她的情人的同一性，她开始以她的爱人来自居了（心理学中的自居作用，即以理想中的人自居）。

我将再次提醒大家注意，这整个思维序列被支配的方式，是思想内容对身体的刺激，即思想内容变成了身体对内容的感受。一个歇斯底里症患者会在第一种情况下痉挛地转动他的眼睛，而在第二种情况下就会做出实际的猛推动作，代之以产生推的冲动或受到猛烈推动的感觉；在任何情况下都不伴随着任何有意识的思想，以后他也无法表达出这种思想。

到现在，这两种观察材料已经阐明了我们所谓的疑病症语言或器官言语。但是它的重要意义还表现在，这些观察也说明了一些对我们来说似乎更重要的事情，另一种经常遇到的，可以压缩到一定的程式里的事态，我们有很多关于这种事态的例子（例如在布迪儿专著里所引证的那些例子）。

在精神分裂症里，言语的表达就像用梦的思维创造出梦的想象一样的那个过程，我们把它称为第一心理过程。这些言语受到浓缩，并且依靠取代作用，毫无保留地相互转换它们的精力发泄；这个过程可以扩展得如此之远，几乎和原来完全不同，以致我们用某一个词（因为它的多方面的联系特别合适）就能代表整个的思维序列。布迪儿、荣格和他们的弟子的著作中提出的丰富材料，非常完美地支持了这个观点。

在我们从诸如此类的印象里得出任何结论之前，让我们先进一步考虑一下"替代概念"在精神分裂症、歇斯底里症和迷狂症之间的区别，这种区分是十分有趣的，的确它还能产生令人觉得莫名其妙的结论。一个我目前正在观察的病人，由于他的面部皮肤上的不健康状况，而使他失去了对一切生活的兴趣。他说他的脸上有些黑疙瘩，显而易见，这是他把阉割情结转移到了他的皮肤上。起初他肆无忌惮地处理这些黑疙瘩，这种行动给他带来了很大的乐趣，因为正如他说的那样，他这样做时，有些东西喷射出来。

但是随后他开始想，在他挤出黑疙瘩的地方就会出现一个黑洞，他最强烈地谴责了自己，"用手不停地乱弄"导致了他的皮肤被永远毁掉了。我们知道，挤出黑疙瘩里的东西对他来说显然代替了手淫。因此，由于他的罪孽活动而出现的洞就代表女性生殖器，即代替了由于手淫而引起的对阉割的威胁（或代表它的幻想）的满足。这种替代的形成尽管具有精神分裂症的特征，却也非常类似于一种歇斯底里症的转变。但是，我们有这种感觉，其中一定有什么不同的东西。

在歇斯底里症的情况下，甚至在我们能够说出这种不同在什么地方之前，我们也不能相信有这样一种替代的形成。像皮肤上的一个毛孔这么细小的洞很难被歇斯底里症患者作为阴道的象征，他会另外把它和每一种所能想到的、能够围成一个空间的对象进行比较才行。此外我们应该认识到，这些小洞的多样性并不会让它看作是女性生殖器的一种替代物。

此外，托斯克几年前给维也纳精神分析学会作的一个报告的例子，也有同样的情况。这个病人在其他方面的表现就好像患有迷狂症，他常常花好几个小时来打扮自己等。但是，这个病例不同寻常的地方是，他能够毫无抵触情绪地讲出他抑制的东西。例如在穿他的长筒袜时，他受到这个想法的干扰：他必须把编织的线拉开，因为对他来说，每一个洞都是女性生殖器的孔的象征。这又是一件我们无法相信会在一个患有迷狂症的病人身上可能发生的情况。

一个被勒特尔观察到的类似的病人，也患有同样的消磨时间在穿袜子上，后来通过治疗克服了抵抗。他说了自己当时的想法，他认为他的脚象征着阴茎，穿袜子代表一种手淫活动，他不停地把袜子脱下来又穿上，部分是为了完成手淫的表现，部分是为了破坏这种活动。

假如我们自问，到底是什么使这种替代的形成和歇斯底里症的症状具有这种奇怪的特征？通过讨论，我们发现，是言语关系对这种事情的支配。例如，在挤出黑疙瘩里的东西和从阴茎里射精之间只有非常细微的类似性，在数之不尽的皮肤小毛孔和阴道之间也极少类似性。但是在前一种情况下，这两个例子里都有一种喷射，而在后一种情况下，用嘲讽的说法就是都是洞。由此，两种实际不同的事件和东西在语言上竟然画上了等号。所以，是词语上的等同支配了精神分裂症中的“替代机制”。显而易见，由于词语和实际的东西并不是一回事，所以，精神分裂症中的替代机制就和神经症中的转换机制相离甚远了。

通过上面的分析，我们会认为精神分裂症中，已经完全放弃了对象发泄，可是我们必须把这个假设更正为仍然保留着与对象一致的言辞观念的发泄。我们容许称之为对象的意识观念的东西，现在可以分成言辞观念（言语观念）和事物观念（具体观念），后者存在于精力发泄之中，假如不是对这种事情的直接记忆想象的精力发泄的话，至少也是从这些想象中获得的间接的记忆痕迹的精力发泄。

这使我们突然发现，我们知道了意识观念和无意识观念的差别是什么。这两者不是像我们假定的那样，对位于心理的不同部位的同一内容的不同记录，也不是同一部位的精力发泄的不同机能状态；而是意识观念包含着具体观念和与它相应的言语观念，而无意识观念只是事物观念本身。无意识系统包括对象的事物性发泄，这是第一种，也是真正的对象性发泄；前意识系统通过把具体观念和与它相应的言辞的言语观念联系起来，而引起了这种具体观念的观念性发泄。

我们可以想象，在心理上产生了较高级的组织，并使它能用支配着前意识的次要过程来接替主要过程，即支配前意识系统的心理过程，都是由于这种发泄。现在我们要明确地说明，对转移型神经症里的被拒绝的观念来说，压抑所拒绝的是什么——是观念转变成附属于对象的言辞。于是，没有转变为言辞的那些观念，或尚未得到观念性发泄的那些心理活动就保存在无意识里，处在一种压抑状态之中。

大家注意，我们很早就认识并掌握了一种洞察力，它导致精神分裂症的一个最惊人的特点。发表于1900年的《梦的解析》的最后几篇，对这个论点进行了阐述：思维过程，即那些远离知觉的被发泄的心理活动，本身并没有特性，是无意识的，只是在和言辞知觉的残迹相联系时，才获得了进入无意识的能量。而言语观念是以和具体观念同样的方式从感知觉里获得的。所以问题就产生了，为什么对象的观念不能通过它们自己的知觉残迹的作用成为有意识的呢？但是思维过程很可能是在远离知觉的最初残迹的系统里进行的，以致它们不再保存这些残迹的任何特性。这样，思维系统的内容为了成为有意识的，就需要具有一些新的特性。

此外，把它们和言辞联系起来甚至能把这些特性传递给精力发泄，这样的精力发泄只代表对象的观念之间的关系，对精力发泄来说，没有什么特性能够从知觉本身自然地产生。只有通过言辞才能理解的这样的关系，就形成了我们的思维过程的一个最重要的部分。我们知道，把它们和言语观念联系起来，还不是和实际上成为有意识的观念相一致的，而只是具有了这种潜在的可能性。所以它们属于并且只能属于前意识系统。不过，我们现在注意到，这些讨论已经远离了我们真正的主题。

之前在探讨精神分裂症时，我们确实只涉及那些似乎是无意识的一般知识所必不可少的东西，所以还存在很多疑点，例如，我们对压抑的过程和转移型神经症发生的压抑的共同之处还不确定。在我们看来，压抑是在无意识系统和前意识（或意识）系统之间出现的一个过程，它使被压抑的材料无法进入意识。为了使这个公式包含痴呆型和其他型自恋症，我们需要对它加以改变。但是，自我的企图逃脱和在撤回意识的精力发泄时的表现，却是各种类型精神病和神经症的一个共同因素。我们简单分析一下就会看到，在自恋型神经症中，这种自我逃避倾向是多么突出和完全。

假如在精神分裂症里，这种逃脱是把本能的精力发泄从那些代表对象的无意识观念的论点里撤出来，那么令人奇怪的是，和前意识系统相同的那一部分观念——与它相应的言语观念——就应该相反地受到更强烈的发泄。我们完全可以期望，作为前意识方面的言语观念将不得不承受压抑的第一次影响，在压抑已经施加到无意识的具体观念之后，言语观念就会完全不容许有精力发泄，这看起来似乎十分费解。但言语观念的发泄不是压抑活动的一部分，而是代表第一次试图康复或痊愈，这个意图如此明显地支配着精神分裂症的临床情况。

这些努力意在重新获得失去的对象，很有可能的是，要达到这个目的，他们就必须借助于属于它的言辞来打开通往对象的道路；于是他们就不得不用言辞来满足自己，而不是用事物来满足。我们的心理活动一般来说向两个相反的方向运动：或者从本能出发穿过无意识系统到达有意识的心理活动；或者在受到外界的刺激时，穿过意识和前意识系统而直接到达自我及其对象的无意识发泄。尽管压抑也会在第二种情况中存在，但是总体还不是那么费劲，在一定的距离内没有什么东西能阻碍神经症重新获得其对象。当我们进行抽象思维时有这样一种危险，我们可能忽视言辞与无意识的具体观念的关系，我们必须承认，哲学化的表述和内容已经开始类似于精神分裂症患者的思维方式，这种方式是很不受欢迎的。另一方面，精神分裂症患者总是抽象地看待具体事物，假如我们认识到了这一点，那么他们的思维方式的典型特征，可以说我们才真正把握住了。

假如我们已经真正地认识到无意识的实质，已经无误地确定了无意识和前意识观念之间存在的不同点，那么，我们相信，如果从许多其他观点出发进行研究的话，也会获得相同的结论。

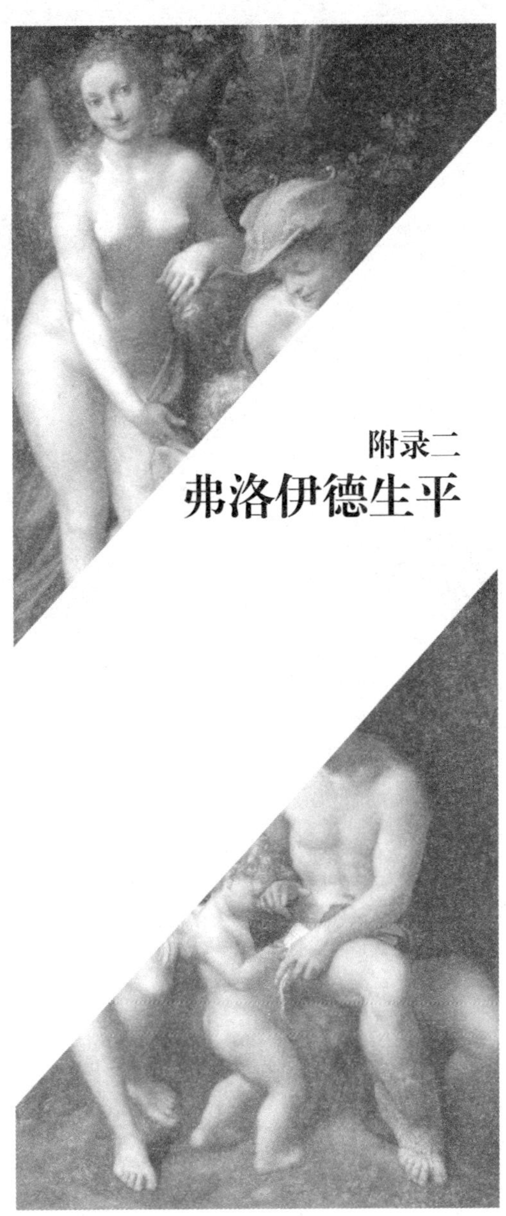

附录二

弗洛伊德生平

西格蒙德·弗洛伊德于1856年5月6日出生在奥地利摩拉维亚（Moravia，现属捷克）的一个犹太人家庭。4岁时，弗洛伊德跟随家人迁居到维也纳，并在那里度过了他的大半生。

他的父亲是一个诚实善良的小商人，性格敦厚，喜欢助人为乐，这些因素对弗洛伊德的成长产生了很大影响。

弗洛伊德从小就显示出异于常人的非凡才智。在进入大学之前，他对成为政治家和研究进化论充满兴趣，但做一名医生是一个犹太人更好的职业选择。有一次，他在一名叫卡尔·布鲁尔教授的课上，听到卡尔·布鲁尔声情并茂地朗诵歌德论自然的散文，当时的情景使弗洛伊德心血来潮地下定决心要成为一名医科学生。因此，在他17岁那年，他凭借着自己的优异成绩，顺利地进入了维也纳大学医学院。

在大学期间，他花费大量时间去学习生物学、病理学、医学、外科手术等课程，度过了一段愉快的学习生涯。1881年3月，弗洛伊德拿到了医学博士学位。本打算在大学里从事神经医学研究的他，却因为自己的犹太背景而无法遂愿。于是，他只好选择在艾内斯特·布吕克教授的生理实验室从事理论研究，并在这一时期结识了他日后的重要合作伙伴——约瑟夫·布洛伊尔（Joseph Breuer）。

不久后，弗洛伊德在布吕克的建议下离开了生理实验室，并于1882年7月进入维也纳全科医院任外科医生。1883年5月，他又转入精神病治疗所任副医师。两年后，他又被维也纳大学医学院任命为神经病理学讲师。这一时期，弗洛伊德在与布洛伊尔共同工作期间，对精神分析产生了浓厚的兴趣。布洛伊尔不仅在工作和生活等方面为弗洛伊德排忧解难，而且还教会了弗洛伊德去探索新的方法治疗歇斯底里症。比如，他从布洛伊尔的病人安娜·欧的病例中学会了催眠及宣泄疗法。

1885年8月，布吕克教授帮助弗洛伊德获得了一笔数额可观的留学奖学金，使他得以前往巴黎在沙可门下学习催眠，并在沙尔彼得里哀尔医院获得了一份实习工作。1886年2月，弗洛伊德返回维也纳，并在同年9月与订婚四年之久的马莎·伯莱斯完婚。二人在婚后共养育了三男三女，其中的安娜·弗洛伊德后来效仿自己的父亲，也成了一名极具声望的心理学家。

在师从沙可期间，弗洛伊德在沙可的思想影响下，将自己的研究方向从躯体转到了心理，他也从一个神经学家摇身一变成了精神病理学家。

1895年，弗洛伊德与布洛伊尔合作，将他们对歇斯底里症的研究成果写成《歇斯底里研究》一书，这为弗洛伊德创立精神分析学奠定了理论基础。

1897年，弗洛伊德开始了对自我分析的研究，他认为自我分析的关键就在于对梦进行解析。他提出了人的心理障碍源于性紧张的积累的观点。他将自我分析的结果写成了《梦的解析》一书，并于1900 年出版。时至今日，这本书仍旧被人们认为是弗洛伊德最伟大的著作。

《梦的解析》一经出版，精神分析学便蔚然兴起，很多痴迷于这方面研究的年轻学者，纷纷聚集到弗洛伊德的身边。他们成立了星期三心理研究小组（也称维也纳精神分析小组），并于1902 年以此为基础，创立了心理分析学会。其中的很多人都在这一领域取得了显赫的成就，譬如卡尔·古斯塔夫·荣格（Carl G. Jung）、阿尔弗雷德·阿德勒（Alfred Adler）等。

但这种愉快的合作局面并没有维持多久，这个研究小组就因为内部矛盾而名存实亡。尽管荣格被弗洛伊德视为自己的继承者，但荣格和阿德勒等人却与弗洛伊德的理念存在很大的分歧。他们在弗洛伊德的理论之外发展起自己的理论学说，这使弗洛伊德难以理解和接受。1911年，阿德勒离开了研究小组，创立了个体心理学。1914年，荣格与弗洛伊德决裂，创立了分析心理学。

1904年，弗洛伊德出版了《日常生活中的心理病理学》一书，探讨了种种有缺陷的心理作用。这可以说是他流传最广的著作。

1905年，他先后发表了《多拉的分析》《玩笑及其与无意识的关系》和《性学三论》三本重要著作。其中，《性学三论》一书因他表达了婴儿期性欲以及其与性颠倒和神经症之间关系的观点，致使他受尽了心理学、医学界的嘲讽，甚至有很多人将弗洛伊德视为一个淫秽念头充斥大脑的下流胚子。

一些医学机构还联合起来，共同抵制和抨击弗洛伊德的研究理论，一时之间，他成了德国科学界最不受欢迎的学者。

但真理永远不会被掩埋在无知的土壤中。1909年，弗洛伊德应美国克拉克大学校长G.S.霍尔的邀请，到美国参加该校的20年校庆。弗洛伊德被校方授予名誉博士学位，并和美国心理学界的詹姆斯、卡特尔等中流砥柱会晤，这意味着弗洛伊德的精神分析学说赢得了国际社会的认可。

1913 年，弗洛伊德出版《图腾与禁忌》一书，提出了著名的“三大真理”：梦是无意识欲望和儿时欲望的伪装的满足；俄狄浦斯情结是人类通有的心理情结；儿童具有性爱意识和动机。这夯实了他的精神分析理论基础，成为重要性仅次于《梦的解析》的理论著作。

1919年，弗洛伊德为了更好地宣传精神分析理论，专门创办了一家国际性的出版公司，以出版发行这方面的书籍和杂志。他的威望也在这一时期达到了顶峰。

1920年，弗洛伊德的一个女儿不幸早逝，与此同时，他还对自己的两个参与战争的儿子充满了死亡的担忧。于是，他就在这一年创立了死本能理论。

1923年，他被诊断出患了口腔癌，这都是因为他嗜烟如命的习惯所致。在1923－1939年期间，他先后接受了33次手术，得以使他的生命延续下去。即使病痛和拒绝使用止痛药使他饱受折磨，但他并未因此而停止为病人诊疗和著述。

1933年，纳粹上台执政后开始大肆焚烧弗洛伊德的作品，并宣称他夸大性问题来毁灭灵魂。1938年，维也纳被纳粹占领，弗洛伊德的出版公司被纳粹查封，但对维也纳的迷恋使他始终不愿离开此地。不久后，他的女儿安娜·弗洛伊德被捕，在犹太人大屠杀的恐怖中，他只得前往伦敦避难。

1939年9月23日，弗洛伊德于伦敦病逝。